한국어-아랍어
소사전

김소향 · 최영길 편저

قاموس كوري – عربي

김소향
- 명지대학교 아랍어과 졸업
- 시리아, 예멘, 튀니지 연수
- 선린중학교, 원천중학교 아랍어 강사
- 삼성엔지니어링 강사, LG 통역
- (저서) 누구나 말할 수 있는 아랍어
- (현) 주한 사우디아라비아 대사관 근무

최영길
- 한국외국어대학교(학사, 석사 : 아랍어 전공)
- 사우디아라비아 왕립 이슬람대학교(이슬람 전공)
- 수단 옴두르만 국립 이슬람대학교(박사 : 이슬람 전공)
- 명지대학교 인문대학장.
- (현) 명지대 아랍지역학과 교수
- (현)WML 최고회의 의원(사우디아라비아)
- EBS 톡 아랍어, 아랍어-한글 사전 외 60권
※ 압둘라 사우디아라비아 국왕 국제번역상 수상

한국어-아랍어 소사전

조판 인쇄 : 2012년 4월 20일
초판 발행 : 2012년 4월 25일
저　　자 : 최 영 길
발 행 인 : 서 덕 일
발 행 인 : 도서출판 문예림
등　　록 : 1962년 7월 13일 제 2-110호
주　　소 : 서울 광진구 군자동 1-13호 문예하우스 101호
전　　화 : (02)499-1281~2
팩　　스 : (02)499-1283
http : //www.bookmoon.co.kr, www.ebs.co.kr
E-mail : book1281@hanmail.net

ISBN 978-89-7482-648-2 (13790)

*저자와 협의에 의해 인지를 생략합니다.

문

　아랍어는 현재 22개 아랍 국가들의 모국어이자 이들 국가들로 구성된 아랍연맹의 공식 언어이며 유엔의 6대 공용어 가운데 하나입니다. 또한 57개국 이슬람 국가들로 구성된 이슬람회의기구의 공용어이자 전 세계 16억 무슬림들의 종교와 예배의 언어이기도 합니다.
　아랍인들과의 만남에 있어서 아랍어를 활용하면 그 효과가 배가 된다는 것은 아랍 지역 전문가들의 일치된 견해일 뿐만 아니라 그곳을 자주 드나드는 분들의 공통된 경험입니다.
　아랍어를 전혀 모르는 분까지도 간편하게 사용할 수 있는 필수적인 단어들과 간단하고도 실용적인 예문을 중심으로 본서를 준비하였습니다. 또한 본서는 한국어를 전혀 모르는 아랍인들까지도 한국어를 말하고 공부할 수 있도록 배려하였습니다.
　본서를 통해 한국인은 아랍어를 쉽게 말하고 아랍인은 한국어를 쉽게 습득하여 한국과 아랍 상호간의 대화와 교류에 보탬이 되기를 기원하면서 본서의 편찬을 독려해주시고 출간하여 주신 문예를 서덕일 사장님께 감사드립니다.

2012년 3월 10일
편찬자

차례

서문	3
모음기호와 명칭, 음가	5
ㄱ	17
ㄴ	41
ㄷ	48
ㄹ	59
ㅁ	61
ㅂ	72
ㅅ	85
ㅇ	107
ㅈ	140
ㅊ	157
ㅋ	163
ㅌ	166
ㅍ	169
ㅎ	172
부록	180

모음기호, 명칭, 음가

1. ﹷ (아)
2. ﹹ (우)
3. ﹻ (이)

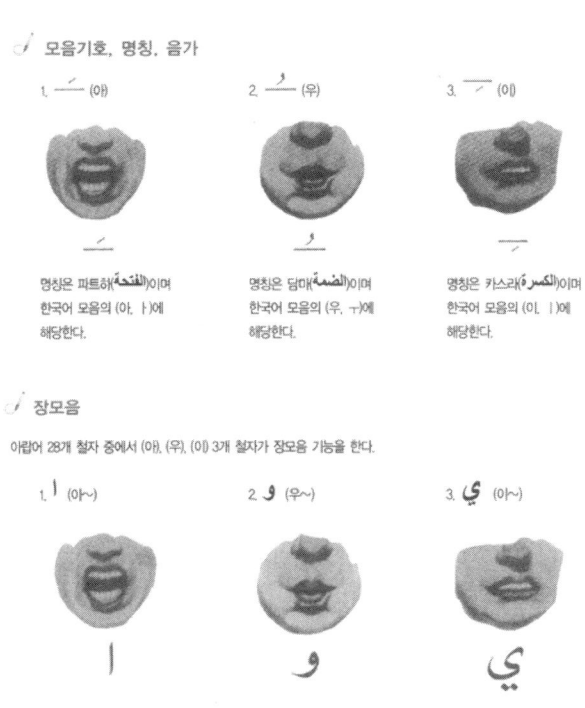

명칭은 파트하(**الفتحة**)이며 한국어 모음의 (아, ㅏ)에 해당한다.

명칭은 담매(**الضمة**)이며 한국어 모음의 (우, ㅜ)에 해당한다.

명칭은 카스라(**الكسرة**)이며 한국어 모음의 (이, ㅣ)에 해당한다.

장모음

아랍어 28개 철자 중에서 (아), (우), (이) 3개 철자가 장모음 기능을 한다.

1. ا (아~)
2. و (우~)
3. ي (이~)

명칭은 알리프(**الألف**)이며 (아) 장모음이다.

명칭은 와우(**الواو**)이며 (우) 장모음이다.

명칭은 야(**الياء**)이며 (이) 장모음이다.

철자와 명칭 음가와 발음

1. 함자 (الهمزة)

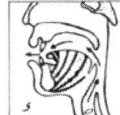

목구멍 깊숙이 가슴 쪽에서 기도를 닫았다가 갑자기 열릴 때 나는 소리로 한국어 음가의 이응(ㅇ)에 가깝다. 함자(ء)는 알리프(ا)의 위에 또는 아래, 와우(الواو) 위에, 또는 독립적으로 올 때가 있는데 함자와 알리프를 구별해서 아랍어 철자를 29개로 보는 학자도 있으나 함자와 알리프를 합쳐 28개 철자로 보는 것이 보편적이다.
함재(الهمزة)의 한국어 음가는 **이응(ㅇ)** 으로 표기하였다.

★ 모음기호의 음가에 따라 다음을 읽으시오.

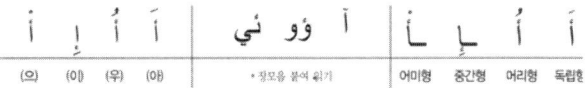

إِ	إُ	إِ	أَ	· 장모음 붙여 읽기	어미형	중간형	머리형	독립형
(으)	(이)	(우)	(아)					

2. 바 (الباء)

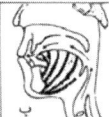

입술을 다물었다가 열면서 입술 가까이서 발음된다.
배(ب)의 음가는 **비읍(ㅂ)** 으로 표기하였다.

★ 모음기호의 음가에 따라 다음을 읽으시오.

بْ	بِ	بُ	بَ	· 장모음 붙여 읽기	어미형	중간형	머리형	독립형
(브)	(비)	(부)	(바)					

3. 타 (التاء)

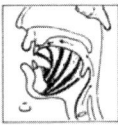

혀 끝 윗부분을 위 앞니 잇몸에 댄 후 혀끝을 밀어내며 발음한다.
태(ت)의 한국어 음가는 **타읕(ㅌ)** 으로 표기하였다.

※ 모음기호의 음가에 따라 다음을 읽으시오.

تِ	تِ	تُ	تَ	تاَ توُ تِي	تِ	تِ	تُ	تَ
(트)	(티)	(투)	(타)	*장모음 붙여 읽기	어미형	중간형	머리형	독립형

4. 싸 (الثاء)

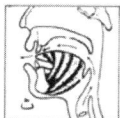

혀 끝 윗부분을 위 앞니 끝에 마찰시켜 내는 소리로 기도를 막고 혀 끝은 윗니와 아랫니 사이에 넣어 발음한다. 영어 through 발음에서 th 발음과 비슷하다.
싸(●ﺛﺎ)의 한국어 음가는 **쌍시옷(ㅆ)** 으로 표기하였다.

※ 모음기호의 음가에 따라 다음을 읽으시오.

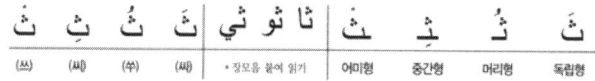

ثِ	ثِ	ثُ	ثَ	ثاَ ثوُ ثِي	ثِ	ثِ	ثُ	ثَ
(쓰)	(씨)	(쑤)	(싸)	*장모음 붙여 읽기	어미형	중간형	머리형	독립형

5. 짐 (الجيم)

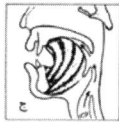

혀 중간 부분을 입천장에 마찰시켜 발음한다.
짐(ﺟﻴﻢ)의 한국어 음가는 **지읒(ㅈ)** 으로 표기하였다.

※ 모음기호의 음가에 따라 다음을 읽으시오.

جِ	جِ	جُ	جَ	جاَ جوُ جِي	جِ	جِ	جُ	جَ
(즈)	(지)	(주)	(자)	*장모음 붙여 읽기	어미형	중간형	머리형	독립형

6. 하 (الحاء)

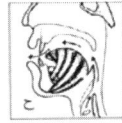

목구멍 중간 부분에서 목의 양쪽을 마찰시켜 발음한다.
하(الحاء)의 한국어 음가는 하읗(ㅎ) 으로 표기하였다.

* 모음기호의 음가에 따라 다음을 읽으시오.

حْ	حِ	حُ	حَ	حا حو حي	حَ	حُـ	ـحِـ	خْ
(흐)	(히)	(후)	(하)	* 장모음 붙여 읽기	어미형	중간형	머리형	독립형

7. 카 (الخاء)

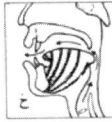

목 첫 부근에서 앞서 소개한 하(الحاء)보다 강하게 목젖을 진동시켜 강하게 발음한다. 한국인들이 크기 등을 과장해서 '커다란' 이라고 말할 때, 또는 가래를 뱉으려 할 때 나오는 발음과도 유사하다.
카(الخاء)의 한국어 음가는 키읔(ㅋ) 으로 표기하였다.

* 모음기호의 음가에 따라 다음을 읽으시오.

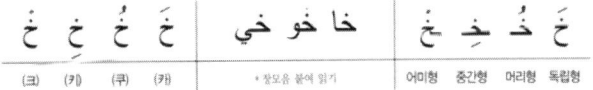

خْ	خِ	خُ	خَ	خا خو خي	خَ	خُـ	ـخِـ	خْ
(크)	(키)	(쿠)	(카)	* 장모음 붙여 읽기	어미형	중간형	머리형	독립형

8. 달 (الدال)

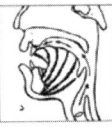

혀의 윗부분을 위 잇몸에 접착시켜 발음한다.
달(الدال)의 한국어 음가는 디귿(ㄷ) 으로 표기하였다.

※ 모음기호의 음가에 따라 다음을 읽으시오.

دَ	دُ	دِ	دْ	دا دو دي	دَ	دِ	دُ	دْ
(다)	(두)	(디)	(드)	∗ 장모음 붙여 읽기	어미형	중간형	머리형	독립형

9. 잘 (الذَّال)

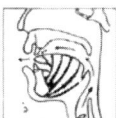

혀끝을 위 앞니 끝에 접촉시켜 발음한다. 한국어의 (ㅈ)과 다글(ㄷ) 사이의 중간 발음이며 영어의 the 에서 th 발음과 유사하다.
잘(ذ)의 한국어 음가는 **지읒(ㅈ)** 으로 표기하였다.

※ 모음기호의 음가에 따라 다음을 읽으시오.

ذَ	ذُ	ذِ	ذْ	ذا ذو ذي	ذَ	ذِ	ذُ	ذْ
(자)	(주)	(지)	(즈)	∗ 장모음 붙여 읽기	어미형	중간형	머리형	독립형

10. 라 (الرَّاء)

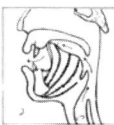

혀 끝을 입천장 앞부분에 혀가 닿지 않은 상태로 진동시켜 나는 소리다.
라(ر)의 한국어 음가는 **리을(ㄹ)** 로 표기하였다.

※ 모음기호의 음가에 따라 다음을 읽으시오.

رَ	رُ	رِ	رْ	را رو ري	رَ	رِ	رُ	رْ
(라)	(루)	(리)	(르)	∗ 장모음 붙여 읽기	어미형	중간형	머리형	독립형

철자와 명칭 음가와 발음

1. 자이(الزاي)

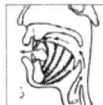

혀 끝을 앞니 끝까지 접근시킨 후 그 사이에 공기가 나갈 수 있도록 혀를 당기면서 내는 소리다. 영어의 'z' 발음과 유사하다.
자이(الزاي)의 한국어 음가는 **지읒(ㅈ)** 으로 표기하였다.

★ 모음기호의 음가에 따라 다음을 읽으시오.

زْ	زُ	زِ	زَ	زي زو زا	زْ	زُ	زِ	زَ
(즈)	(지)	(주)	(자)	• 장모음 붙여 읽기	어미형	중간형	머리형	독립형

2. 씬 (السين)

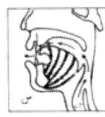

혀 끝을 위 앞니 잇몸에서 약간 띄운 상태에서 발음한다.
씬(السين)의 한국어 음가는 **쌍시옷(ㅆ)** 으로 표기하였다.

★ 모음기호의 음가에 따라 다음을 읽으시오.

سْ	سُ	سِ	سَ	سي سو سا	سْ	سُ	سِ	سَ
(쓰)	(씨)	(쑤)	(싸)	• 장모음 붙여 읽기	어미형	중간형	머리형	독립형

3. 쉰 (الشين)

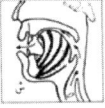

혀 끝과 중간 부분을 입천장 상단에 마찰시켜 발음한다. 한국어의 '샨' 에서 나는 음가와 비슷하다.
쉰(الشين)의 한국어 음가는 **시옷(ㅅ)** 으로 표기하였다.

※ 모음기호의 음가에 따라 다음을 읽으시오.

شَ ش شِ شْ	شا شو شي	شَ شُ شِ شْ
(셔) (슈) (쉬) (샤)	• 장모음 붙여 읽기	어미형 중간형 머리형 독립형

14. 솨드 (الصاد)

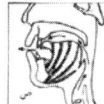

혀 끝을 위 앞니 잇몸에 밀착시켜 앞의 쉰(الشين)을 발음할 때보다 강하게 발음한다. 영어 sun을 발음 할 때 나는 소리와 유사하다.
솨드(الصاد)의 한국어 음가는 시옷(ㅅ) 으로 표기하였다.

※ 모음기호의 음가에 따라 다음을 읽으시오.

صَ صُ صِ صْ	صا صو صي	صَ صُ صِ صْ
(스) (쉬) (수) (솨)	• 장모음 붙여 읽기	어미형 중간형 머리형 독립형

15. 돠드 (الضاد)

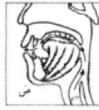

혀의 한 쪽, 주로 왼쪽 부분을 위 어금니에 붙여 발음한다. 영어 dawn의 d 발음과 유사하다. 돠드(الضاد)의 한국어 음가는 디귿(ㄷ) 으로 표기하였다.

※ 모음기호의 음가에 따라 다음을 읽으시오.

ضَ ضُ ضِ ضْ	ضا ضو ضي	ضَ ضُ ضِ ضْ
(드) (듸) (두) (돠)	• 장모음 붙여 읽기	어미형 중간형 머리형 독립형

16. 똬 (الطاء)

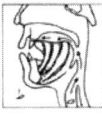

혀 끝 윗부분을 위 앞니 잇몸에 접촉시켜 발음한다.
똬(الطاء)의 한국어 음가는 쌍디귿(ㄸ) 으로 표기하였다.

11

※ 모음기호의 음가에 따라 다음을 읽으시오.

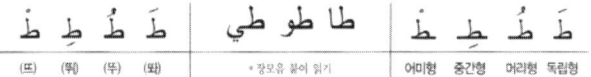

| (뜨) | (띄) | (뚜) | (똬) | • 장모음 붙여 읽기 | 어미형 | 중간형 | 머리형 | 독립형 |

17. 좌 (ظاء)

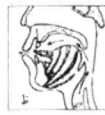

혀 끝 윗부분을 윗 잇니 끝부분에 접촉시켜 발음한다.
좌(ظاء)의 한국어 음가는 지읒(ㅈ) 으로 표기하였다.

※ 모음기호의 음가에 따라 다음을 읽으시오.

| (즈) | (쥐) | (주) | (좌) | • 장모음 붙여 읽기 | 어미형 | 중간형 | 머리형 | 독립형 |

18. 아인 (العين)

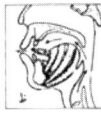

앞서 설명한 해(ح)보다도 더 깊은 목구멍 중간부분에서 나오는 발음이다.
아인(العين)의 한국어 음가는 이응(ㅇ) 으로 표기하였다.

※ 모음기호의 음가에 따라 다음을 읽으시오.

| غِ | غُ | غِ | غَ | عا عو عي | غ | ـغـ | ـغ | غ |
| (으) | (이) | (우) | (아) | • 장모음 붙여 읽기 | 어미형 | 중간형 | 머리형 | 독립형 |

19. 가인 (الغين)

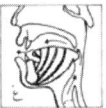

앞서 소개한 캐(خ)를 발음할 때보다 약간 깊은 목젖 부근에서 목의 양쪽을 마찰시켜 내는 소리다. 양치질 할 때 목을 물로 가시는 소리와 비슷하다.
가인(الغين)의 한국어 음가는 기역(ㄱ) 으로 표기하였다.

※ 모음기호의 음가에 따라 다음을 읽으시오.

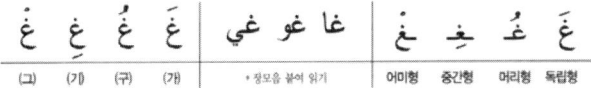

غْ	غُ	غِ	غَ	غَا غُو غِي	غْ ـغْ ـغُ ـغَ	어미형 중간형 머리형 독립형
(그)	(구)	(기)	(가)	* 장모음 붙여 읽기		

20. 파 (الفاء)

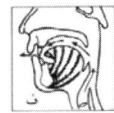

아래 입술을 윗니 끝부분과 접촉시켜 내는 소리로 영어 f 발음이 이와 유사하다.
파(الفاء)의 한국어 음가는 **피읖(ㅍ)** 으로 표기하였다.

※ 모음기호의 음가에 따라 다음을 읽으시오.

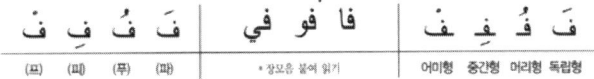

فْ	فُ	فِ	فَ	فَا فُو فِي	فْ ـفْ ـفُ ـفَ	어미형 중간형 머리형 독립형
(프)	(푸)	(피)	(파)	* 장모음 붙여 읽기		

21. 까프 (القاف)

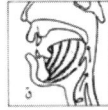

혀를 목젓 부근으로 잡아당겨 내는 소리로 카프(الكاف)보다 앞쪽에서 발음한다.
까프(القاف)의 한국어 음가는 **쌍기역(ㄲ)** 으로 표기하였다.

※ 모음기호의 음가에 따라 다음을 읽으시오.

قْ	قُ	قِ	قَ	قَا قُو قِي	قْ ـقْ ـقُ ـقَ	어미형 중간형 머리형 독립형
(끄)	(꾸)	(끼)	(까)	* 장모음 붙여 읽기		

22. 카프 (الكاف)

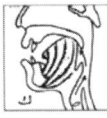

혀를 목젓 부분으로 잡아당겨 발음하다. 까프(القاف)보다 가볍게 발음되며 목구멍 깊숙이서 나오는 소리로 '칼' 을 발음 할 때의 발음과 유사하다.
카프(الكاف)의 한국어 음가는 **키읔(ㅋ)** 으로 표기하였다.

★ 모음기호의 음가에 따라 다음을 읽으시오.

| (크) | (키) | (쿠) | (카) | • 장모음 붙여 읽기 | 어미형 | 중간형 | 머리형 | 독립형 |

23. 람(اللام)

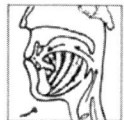

혀 끝을 위 앞니 잇몸 약간 안쪽에 접착시켜 래(ل)를 발음할 때보다 여리게 발음한다. 한국어 '빨리 빨리'를 발음할 때 나는 소리와 유사하다.
람(اللام)의 한국어 음가는 리을(ㄹ) 로 표기하였다.

★ 모음기호의 음가에 따라 다음을 읽으시오.

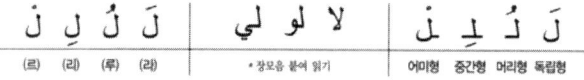

| (르) | (리) | (루) | (라) | • 장모음 붙여 읽기 | 어미형 | 중간형 | 머리형 | 독립형 |

24. 밈(الميم)

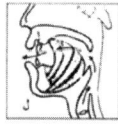

양쪽 입술을 붙여서 발음한다.
밈(الميم)의 한국어 음가는 미음(ㅁ) 으로 표기하였다.

★ 모음기호의 음가에 따라 다음을 읽으시오.

| (므) | (미) | (무) | (마) | • 장모음 붙여 읽기 | 어미형 | 중간형 | 머리형 | 독립형 |

25. 눈(النون)

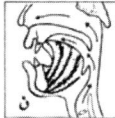

혀 끝을 이 앞니 잇몸에 붙여 발음한다.
눈(النون)의 한국어 음가는 니은(ㄴ) 으로 표기하였다.

※ 모음기호의 음가에 따라 다음을 읽으시오.

نْ	نِ	نُ	نَ	ني نو نا	نَ نِ نُ نْ	어미형 중간형 머리형 독립형
(ㄴ)	(니)	(누)	(나)	*장모음 붙여 읽기		

26. 하(الهاء)

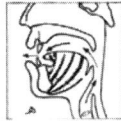

목구멍 가장 깊은 곳에서 가장 약하게 발음되는 후음이다.
하(الهاء)의 한국어 음가는 히읗(ㅎ) 으로 표기하였다.

※ 모음기호의 음가에 따라 다음을 읽으시오.

هْ	هِ	هُ	هَ	هي هو ها	هَ هِ هُ هْ	어미형 중간형 머리형 독립형
(ㅎ)	(히)	(후)	(하)	*장모음 붙여 읽기		

27. 와우(الواو)

입 주둥이를 한데 모아 벌렸다가 다시 오므리면서 발음한다.
와우(الواو)의 한국어 발음은 이응(ㅇ) 으로 표기하였다.

※ 모음기호의 음가에 따라 다음을 읽으시오.

독립형	머리형	중간형	어미형	• 장모음 붙여 읽기	(와)	(우)	(위)	(우)
وَ	وُ	ـوِ	ـوَ	وا وو وي	وَ	وُ	وِ	وَ

28. 야 (الياء)

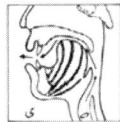

혀 뒤의 부분을 입천장 가까이 한 상태에서 발음한다.
야(الياء)의 한국어 음가는 **이응(ㅇ)** 으로 표기하였다.

※ 모음기호의 음가에 따라 다음을 읽으시오.

독립형	머리형	중간형	어미형	• 장모음 붙여 읽기	(야)	(유)	(이)	(이)
يَ	يُ	ـيِ	ـيْ	يا يو يي	يَ	يُ	يِ	يْ

가게	**دكان**	가끔	**أحيانا**
ga-ge	둑카-눈	ga-ggeum	아흐야-난
가격	**ثمن**	가난한	**فقير**
ga-gyeok	싸마눈	ga-nan-han	파끼-룬
가구	**أثاث**	가느다란	**رقيق**
ga-gu	아싸-쑨	ga-neu-da-ran	라끼-꾼
가구가 비치된	**مفروش**	가능한	**ممكن**
gagu-ga bi-chi-doen	마프루-슌	ga-neung-han	뭄킨
가까운	**قريب**	가득한	**مليء**
ga-gga-un	까리-분	ga-deuk-han	말리-운

그 가게가 근처에 있습니까?

هل الدكان قريب؟
할 앗둑카-누 까립-?

가격을 좀 깍아주세요

خفف شوية
캅피프 슈와이야

최종 가격으로 얼마입니까?

آخر الكلام بكم؟
아-키르 알칼람- 비캄?

가능합니까?

ممكن؟
뭄킨?

네, 가능합니다

نعم، ممكن
나암, 뭄킨

가능한 빨리

في أقرب وقت ممكن
피- 아끄라비 와끄틴 뭄킨

가랑비	رذاذ	가방	حقيبة
ga-rang-bi	라다-둔	ga-bang	하끼-바툰

가려움	حكة	가벼운	خفيف
ga-ryeo-um	힉카툰	ga-byeo-un	카피-푼

가래	بلغم	가상적인	خيالي
ga-rae	발가문	ga-sang-jeok-in	카얄-리-윤

가로	عرض	가솔린	بنزين
ga-ro	아르둔	ga-sol-lin	빈지-눈

가루(밀)	طحين	가수(남)	مغن
ga-ru	따히-눈	ga-su	무간눈

가르치다	علم	가수(여)	مغنية
ga-reu-chida	알라마	ga-su	무간니-야툰

가리키다	أشار إلى	가스	غاز
ga-ri-kida	아샤-라 일라-	gas	가-즈

가면	قناع	가슴	صدر
ga-myeon	끼나-운	ga-seum	쏴드룬

가명	اسم مستعار	가시	شوكة
ga-myeong	이쑴 무쓰타아르	ga-si	샤우카툰

가뭄	جفاف	가식	منافقة
ga-mum	자파-푼	ga-sik	무나-파까툰

가발	شعر مستعار	가열하다	سخن
ga-bal	샤으르 무쓰타아-르	ga-yeol-hada	싹카나

가운데	**وسط**	가정 주부	**ربة البيت**
ga-un-de	와싸뚠	ga-jeong-ju-bu	랍바툴 바이트

가위	**مقص**	가져오다	**أحضر**
ga-wi	미깟순	ga-jeo-o-da	아흐돠라

가을	**الخريف**	가족	**عائلة**
ga-eul	알카리-푸	ga-jok	아-일라툰

가입하다	**التحق**	가죽	**جلد**
ga-ib-hada	일타하까	ga-juk	질둔

가짜인	**زائف**	가죽 가방	**حقيبة جلدية**
ga-jja-in	자-이푼		하끼-바툰 질디-야

가장자리	**حافة**	가죽 신발	**أحذية جلدية**
ga-jang-ja-ri	핲-파툰		아흐디-야툰 질디-야

골프 클럽에 가입하세요	**التحق بنادي غولف**
	일타히끄 비나-디- 굴-프

여기로 가져오세요	**أحضرها هنا**
	아흐뒤르하- 후나

저에게 물 좀 갖다주세요	**أحضر لي ماء من فضلك**
	아흐뒤르 리- 마-안 민파들릭

당신(남) 가족은 안녕하십니까?	**كيف عائلتك؟**
	케이파 아-일라투카?

당신(여) 가족은 안녕하십니까?	**كيف عائلتك؟**
	케이파 아-일라투키?

가지(채소) ga-ji	**باذنجان** 바딘잔-	가혹한 ga-hok-han	**قاس** 까-씬
가지(나무) ga-ji	**فرع** 파르운	각국(各國) gak-guk	**كل دولة** 쿨루 다울라
가지다 ga-ji-da	**أخذ** 아카자	각자(各自) gak-ja	**كل شخص** 쿨루 샤크스
당신(남)이 가지세요	**خذ** 쿠즈	각지(各地) gak-ji	**كل مكان** 쿨루 마칸-
당신(여)이 가지세요	**خذي** 쿠지-	간(인체) gan	**كبد** 카비둔
가치있는 ga-chi-it-neun	**مجيد** 마지-둔	간다 gan-da	**ذهب** 다하바

당신(남)은 시계를 가지고 있습니까? **هل عندك ساعة؟**
할 에인다카 싸-아?

저는 시계가 없습니다 **ليس عندي ساعة**
라이싸 에인디- 싸-아

당신(남)은 자녀가 있습니까? **هل لك أولاد؟**
할 라카 아울라-드?

아들과 딸이 있습니다 **لي ولد وبنت**
리- 왈라드 와 빈트

약국에서 이 약을 가져가세요 **خذ هذا الدواء من الصيدلية**
쿠즈 하닷 다와- 민낫 솨이달리-야

나는 간다	**أذهب** 아드하부	간질 gan-jil	**صرع** 쏴르운
나는 갔다	**ذهبت** 다합투	간첩 gan-cheob	**جاسوس** 자쑤-쑨
간단한 gan-dan-han	**بسيط** 바씨-뚠	간판 gan-pan	**لوحة** 라우하툰
간선도로 gan-seon-do-ro	**طريق رئيسي** 따리-끄 라이-씨-	간편한 gan-pyeon-han	**بسيط** 바씨-뚠
간식 gan-sik	**وجبة خفيفة** 와즈바툰 카피-파	간호사(남) gan-ho-sa	**ممرض** 무마르리둔
간접적으로 gan-jeob-jeok-euro	**غير مباشر** 가이르 무바-쉬르	간호사(여) gan-ho-sa	**ممرضة** 무마르리돠툰
간주하다 gan-ju-hada	**اعتبر** 이으타바라	갈대 gal-dae	**قصب** 까솨분

나는 가지 않을 겁니다   **أنا لن أذهب**
 아나- 란 아드하바

~(장소)로 가세요   **اذهب إلى**
 이드합 일라- (장소)

우리 갑시다   **فلنذهب**
 팔나드합

식당으로 갑시다   **هيابنا إلى المطعم**
 하이-야 비나- 일랄 마뜨암

갈색 gal-saek	أسمر 아쓰마르	감옥 gam-ok	سجن 씨즈눈
감기 gam-gi	زكام 주캄-	감자 gam-ja	بطاطا 바따-따-
감기약 gam-gi-yak	دواء للزكام 다와- 릿주캄-	감추다 gam-chu-da	أخفى 아크파-
감독 gam-dok	مراقبة 무라-까바툰	갑자기 gab-ja-gi	فجأة 파즈아탄
감사합니다 gamsahabnida	شكرا 슈크란	값 비싼 gab bi-ssan	غال 갈-린
감수성 gam-su-seong	إحساس 이흐싸-쑨	값 싼 gab ssan	رخيص 라키-순

나는 지난 주에 감기에 걸렸어요

أصبت بالزكام في الأسبوع الماضي
우십투 빗주캄- 필 우쓰부-일 마-뒤

이 약이 얼마 인가요?

بكم هذا الدواء؟
비캄 하닷 다와-

대단히 감사합니다

شكرا جزيلا
슈크란 자질-란

정말 감사드립니다

ألف شكر
알프 슈크르

천만에요(저의 의무이지요)

لا شكر على واجب
라- 슈크르 알라- 와-집

한국어	아랍어		한국어	아랍어
강 gang	**نهر** 나흐룬		나는 갖고 있다 gaji해-itda	**عندي** 에인디-
강낭콩 gang-nang-kong	**فاصولياء** 파-술-리야-		당신(남)은 갖고 있다	**عندك** 에인다카
강당 gang-dang	**قاعة المحاضرة** 까-아툴 무하-다라		당신(여)은 갖고 있다	**عندك** 에인다키
강렬한 gang-ryeol-han	**شديد** 샤디-둔		그는 갖고 있다	**عنده** 에인다후
강산 gang-san	**أنهار وجبال** 안하-르 와 지발-		그녀는 갖고 있다	**عندها** 에인다하-
강우량 gang-u-ryang	**كمية المطر** 캄미-야툴 마따르		같은 gateun	**متساو** 무타싸-윈
강의 gang-ui	**محاضرة** 무하-다라툰		~와 같은 ~wa gateun	**مثل** 미쓸라
강제적인 gang-je-jeok-in	**اجباري** 이즈바-리-윤		같이 gachi	**معا** 마안
강한 gang-han	**قوي** 까위-윤		개(동물) gae	**كلب** 칼분

이것은 너무 비쌉니다 **هذا غال جدا**
하다- 갈-린 짇단

너무 비싸요 **غالي مرة**
갈-리 마르라

개구리	ضفدع	거리	شارع
gae-gu-ri	뒤프다우	geo-ri	샤-리운

개막	افتتاح	거리(간격)	مسافة
gae-mak	이프티타-훈	geo-ri	마싸-파툰

개미	نملة	거미	عنكبوت
gae-mi	나믈라툰	geo-mi	안카부-트

개방적인	منفتح	거북이	سلحفاة
gae-bang-jeok-in	문파티훈	geobugi	쑬라흐파-툰

개선하다	حسن	거실	غرفة الجلوس
gae-seon-hada	핫싸나	geo-sil	구르파툴 줄루-쓰

개인으로	بالمفرد	거스름돈(나머지)	باقي
gae-in-eu-ro	빌무프라디	geo-seu-reum-don	바-끼-

개최하다	أقام	거울	مرآة
gae-choe-hada	아까-마	geo-ul	미르아-툰

거기	هناك	거위	إوزة
geo-gi	후나-카	geo-wi	이왔자툰

거대한	عظيم	거절하다	رفض
geo-dae-han	아쥐-문	geo-jeol-hada	라파돠

거래	مساومة	나는 거절한다	أرفض
geo-rae	무싸-와마툰		아르푸두

이 거리의 이름은 무엇입니까?	ما اسم هذا الشارع؟
	마쓰무 하닷 샤-리으?

거주자	مقيم
geo-ju-ja	무끼-문

거짓말	كذبة
geo-jit-mal	키즈바툰

거짓말하다	كذب
geo-jit-mal-hada	카자바

당신(남)은 거짓말한다	تكذب
	타크디부

당신(여)은 거짓말한다	تكذبين
	타크지비-나

거짓말쟁이	كذاب
geo-jit-mal-jaeng-i	칵자-분

거친	خشن
geo-chin	카쉬눈

걱정하는	قلق
geok-jjeong-ha-neun	깔리꾼

걱정 하지 마세요	لا تقلق
	라 타끌리끄

건강진단	فحص طبي
geon-gang-jin-dan	파흐스 띱비-

건강	صحة
geon-gang	싵하툰

건과	فواكه مجففة
geon-gwa	파와-키흐 무잢파파

건너다	عبر
geon-neo-da	아바라

나는 건넌다	أعبر
	아으부루

건물	مبنى
geon-mul	마브나-

건설	إنشاء
geon-seol	인샤-운

건어물	سمك مجفف
geon-eo-mul	싸마크 무잡파프

건전한	سليم
geon-jeon-han	쌀리-문

건조한	جاف
geon-jo-han	잡-푼

걷다	سار
geot-da	싸-라

나는 걷는다	أسير
	아씨-루

걸레	ممسحة
geolle	밈싸하툰

걸리다(시간) geol-li-da	استغرق 이쓰타그라까	겨울 gyeo-ul	الشتاء 앗쉬타-우
검사하다 geom-sa-hada	فحص 파하쏴	겨울방학 gyeo-ul-ban-hak	العطلة الشتوية 알우뜰랏 쉬트위-야
그는 검사한다	يفحص 야프하수	겨자 gyeo-ja	خردل 카르달
검은색 geom-eun-saek	أسود 아쓰와드	격려 gyeok-ryeo	تشجيع 타슈지-운
겁 많은 geob man-eon	جبان 자바-눈	격일로 gyeok-il-ro	كل يومين 쿨라 야우마인
겁 없는 geob eob-neon	شجاع 슈자-운	견과류 gyeon-gwa-ryu	مكسرات 무캇싸라-툰
겁나는 geob-na-neun	خائف 카-이푼	견해 gyeon-hae	رأي 라으윤
것(사물) geot	شيء 샤이운	결과 gyeol-gwa	نتيجة 나티-자툰
게으른 ge-eu-reun	كسلان 카쓸라-누	결석한 gyeol-seok-han	غائب 가-이분
게임 game	لعبة 루으바툰	결석하다 gyeol-seok-hada	تغيب 타가이야바
겨누다 gyeo-nu-da	صوب 쏴우와바	결정 gyeol-jeong	قرار 까라-룬

결정하다	قرر	결합하다	وحد
gyeol-jeong-hada	까르라라	gyeol-hab-hada	왏하다

결코~아니다	أبدا	결혼	زواج
gyeol-ko a-ni-da	아바단	gyeol-hon	자와-준

결합	توحيد	결혼 서약	عقد قران
gyeol-hab	타우히-둔	gyeol-hon seo-yak	아끄드 끼란

결혼식이 멋졌습니다
الفرح كان جميل
알파르흐 카나 자밀-

결혼을 축하합니다
زواج سعيد
자와-준 싸이-드

당신(남)은 결혼했습니까?
هل أنت متزوج؟
할 안타 무타자우위준?

저(남)는 결혼했습니다
أنا متزوج
아나- 무타자우위준

저(남)는 결혼하지 않았습니다
أنا لست متزوجا
아나- 라스투 무타자우위잔

당신(여)은 결혼했습니까?
هل أنت متزوجة؟
할 안티 무타자우위자툰?

저(여)는 결혼했습니다
أنا متزوجة
아나- 무타자우위자툰

저(여)는 결혼하지 않았습니다
أنا لست متزوجة
아나- 라스투 무타자우위자탄

경쟁	تنافس
gyeong-jaeng	타나-푸쑨

경쟁자	منافس
gyeong-jaeng-ja	무나-피쑨

경제	اقتصاد
gyeong-je	이끄티쏴-둔

경제의	اقتصادي
gyeong-je-ui	이끄티쏴-디-윤

경찰관(남)	شرطي
gyeong-chal-gwan	슈르뛰-윤

경찰관(여)	شرطية
gyeong-chal-gwan	슈르뛰-야툰

경찰서	شرطة
gyeong-chal-seo	슈르따툰

결혼식	حفلة زواج
gyeol-hon-sik	하플라툰 자와-즈

결혼한	متزوج
gyeol-hon-han	무타자우위준

경기(운동)	مباراة
gyeong-gi	무바-라-툰

경마	سباق الخيل
gyeong-ma	씨바-꿀 카일

~경우에는	بالنسبة ل
gyeong-u-e-neun	빈니쓰바티 리-

경작하다	زرع
gyeong-jak-hada	자라아

그는 경작한다	يزرع
	야즈라우

나의 경우에는	بالنسبة لي
	빈니쓰바티 리-

당신(남)의 경우에는	بالنسبة لك
	빈니쓰바티 라카

당신(여)의 경우에는	بالنسبة لك
	빈니쓰바티 라키

저로서는 사과를 좋아합니다	بالنسبة لي، أفضل التفاحة
	빈니쓰바티 리-, 우팓될루 앗툪파-하타

한국어	아랍어	한국어	아랍어
경치 gyeong-chi	منظر 만좌룬	계약 gye-yak	عقد 아끄둔
경험 gyeong-heom	خبرة 키브라툰	계절 gye-jeol	فصل 파슬룬
경험하다 gyeong-heom-hada	اختبر 이크타바라	계획 gye-hoek	مشروع 미슈루-운
계곡 gye-gok	واد 와-딘	고기(생선류) go-gi	سمك 싸마쿤
계단 gye-dan	درج 다라준	고기(육류) go-gi	لحم 라흐문
계란 gye-ran	بيض 바이둔	고대의 go-dae-ui	عتيق 아티-꾼
계산서 gye-san-seo	حساب 히싸-분	고등학교 go-deung-hak-gyo	مدرسة ثانوية 마드라싸 싸-나위-야
계속 gye-sok	استمرار 이쓰티므라-룬	고모 go-mo	عمة 암마툰
계속하다 gye-sok-hada	استمر 이스타마르라	고모부 go-mo-bu	عم 암문
계속되는 gye-sok-doe-neun	مستمر 무쓰타미르룬	고아 go-a	يتيم 야티-문

(실례지만) 계산서 주세요

الحساب من فضلك
알히쌉- 민 파들릭

한국어	아랍어	한국어	아랍어
고양이 go-yang-i	قطة 낃따툰	곧바로(직진) got-ba-ro	على طول 알라- 뚤
고용하다 go-yong-hada	استخدم 이쓰타크다마	골프 golf	غولف 굴-프
고정 go-jeong	ثابت 싸-비툰	곰 gom	دئب 디으분
고추 go-chu	فلفل 풀풀	공 gong	كرة 쿠라툰
고통 go-tong	ألم 알라문	공격하다 gong-gyeok-hada	هجم 하자마
고함치다 go-ham-chi-da	صرخ 쏴라카	공공의 gong-gong-ui	عمومي 우무-미-윤
그는 고함친다	يصرخ 야스루쿠	공급하다 gong-geub-hada	زود 자우와다
나는 고함쳤다	صرخت 쏴라크투	공기 gong-gi	هواء 하와-운
고혈압 go-hyeol-ab	ارتفاع ضغط الدم 이르티파-우 되그땟 담	공립의 gong-rib-ui	عامة 암-마툰
곤충 gon-chung	حشرة 하샤라툰	공부 gong-bu	دراسة 디라-싸툰
곧 got	حالا 할-란	공부하다 gong-bu-hada	درس 다라싸

30

한국어	아랍어	한국어	아랍어
공중 전화 gong-jung jeon-hwa	هاتف عمومي 하-티프 우무-미-	나는 공부한다	أدرس 아드루쑤
공책 gong-chaek	دفتر 다프타룬	나는 공부했다	درست 다라쓰투
공항 gong-hang	مطار 마따-룬	공연장 gong-yeon-jang	مسرح 마쓰라훈
공항 대합실 gonghang dae-hab-sil	صالة المطار 쌀-라툴 마따-르	공원 gong-weon	حديقة 하디-까툰
공화국 gong-hwa-guk	جمهورية 줌후리야툰	공짜 gong-jja	مجان 맞자-눈
과(단원) gwa	درس 다르쑨	공장 gong-jang	مصنع 마스나운
과거의 gwa-geo-ui	ماضي 마-뒤	공정한 gong-jeong-han	عادل 아-딜룬
		공주 gong-ju	أميرة 아미-라툰

공항은 어디에 있습니까? أين المطار؟
아이날 마따-르?

저는 공항에 가고 싶습니다 أريد أن أذهب إلى المطار
우리-두 안 아드하바 일랄 마따-르

공항으로 갑시다 إلى المطار من فضلك
일랄 마따-르 민 파들릭

과일	فاكهة	관람	مشاهدة
gwa-il	파-키하툰	gwan-ram	무샤-하다툰
과자	حلوى	관련된	متعلق
gwa-ja	할와-	gwan-ryeon-doen	무타알리꾼
과정	مرحلة	괄호	القوسان
gwa-jeong	마르할라툰	gwal-ho	알까우싼-
과학	علم	광고	إعلان
gwa-hak	일문	gwang-go	이을라-눈
과학자(남)	عالم	광장	ميدان
gwa-hak-ja	알-리문	gwang-jang	마이-다-눈
과학자(여)	عالمة	괜찮습니다	لا بأس
gwa-hak-ja	알-리마툰	gwaen-chan-seub-nida	라- 바으쓰
관계	علاقة	교사(남)	مدرس
gwan-gae	알라-까툰	gyo-sa	무다르리쑨
관광	سياحة	교사(여)	مدرسة
gwan-gwang	씨야-하툰	gyo-sa	무다르리싸툰
관광지도	خريطة للسياحة	교수(남)	أستاذ
gwan-gwang-ji-do	카리-따 릿씨야-하	gyo-su	우쓰타-준
관대한	كريم	교수(여)	أستاذة
gwan-dae-han	카리-문	gyo-su	우쓰타-자툰

관광지도가 필요합니다   أحتاج إلى خريطة للسياحة
아흐타-주 일라 카리-따 릿씨야-하

교실	فصل	교회	كنيسة
gyo-sil	파슬룬	gyo-hoe	카니-싸툰

교양	أدب	구(9)	تسعة
gyo-yang	아다분	gu	티쓰아

교양 있는	مؤدب	구경	مشاهدة
gyo-yang it-neun	무왇다분	gu-gyeong	무샤-하다툰

교육	تعليم	구급차	سيارة إسعاف
gyo-yuk	타올리-문	gu-geub-cha	싸이야-라투 이쓰아-프

교제	تعارف	구두	حذاء
gyo-je	타아-루푼	gu-du	히다-운

교차로	تقاطع	구름	سحابة
gyo-cha-ro	타까-뚜운	gu-reum	싸하-바툰

교통 신호등　إشارة المرور
gyo-tong sin-ho-dong
이샤-라툴 무루-르

구멍	ثقب
gu-meong	싸끄분

교환	تبادل	구백	تسعمئة
gyo-hwan	타바-둘룬	gu-baek	티쓰우미아

교환하다	تبادل	구별하다	ميز
gyo-hwan-hada	타바-달라	gu-byeol-hada	마이야자

나는 교환한다	أتبادل	구부러진	ملتو
	아타바-달루	gu-bu-reo-jin	물타원

실례지만 구급차 좀 불러주세요

اتصل بسيارة الإسعاف من فضلك

잇타실 비 싸이야-라 이쓰아-프 민 파들릭

한국어	아랍어	발음
구입	شراء	쉬라-운
구천	تسعة آلاف	티쓰아 알라-프
구토	قيء	까이운
국가	دولة	다울라툰
국기	علم	알라문
국내공항	مطار محلي	마따-르 마할라-
국립의	وطني	와따니-윤
구십	تسعون	티쓰운-
구어체	لغة عامية	루가 암-미-야
구역	حي	하이-윤
구운	مشوي	마슈위-윤
구운 감자	بطاط مشوية	바따-따 마슈위-야
구인광고	إعلان توظيف	이을란- 타우쥐-프
구월	سبتمبر	씹탐비르

당신(남) 국적이 어디입니까? **ما جنسيتك؟** 마- 진씨-야투카

저는 한국인입니다 **أنا كوري** 아나- 쿠-리-

당신(여) 국적이 어디입니까? **ما جنسيتك؟** 마- 진씨-야투키?

저는 한국여성입니다 **أنا كورية** 아나- 쿠-리-야

국민	شعب	굴뚝	مدخنة
guk-min	샤으분	gul-dduk	마드카나툰

국적 **جنسية** 굶주린 **جوعان**
guk-jeok 진씨-야툰 gum-ju-rin 자우안-

국제공항 **مطار دولي** 궁전 **قصر**
guk-je-gong-hang 마따-르 두왈리- gung-jeon 까스룬

국제운전면허증

رخصة قيادة دولية للسيارات

(gukje-unjeon-myeonheojeung)
루크쇠투 끼야-다 두왈리야 릿 싸이야라

권력 **سلطة**
gweon-ryeok 쑬따툰

권리 **حق**
gweon-ri 학꾼

국제적인 **دولي** 권태기 **شهر البصل**
guk-je-jeok-in 두왈리윤 gweon-tae-gi 샤흐룰 바쌀

국제전화 **هاتفية دولية** 권투 **ملاكمة**
guk-je-jeon-hwa 하-티피-야툰 다울리-야 gweon-tu 물라-카마툰

군대 **جيش** 귀 **أذن**
gun-dae 자이슌 gwi 우드눈

군복무 **الخدمة العسكرية** 귀고리 **قرط**
gun-bok-mu 알키드마툴 아쓰카라-야 gwi-go-ri 꾸르뚠

군인 **عسكري** 규모 **حجم**
gun-in 아쓰카리-윤 gyu-mo 하즈문

군함 **سفينة حربية** 그렇다면 **إذن**
gun-ham 싸피-나툰 하르비-야 geu-reot-da-myeon 이단

한국어	아랍어	한국어	아랍어
그는 geu-neun	هو 후와	그림 geu-rim	رسم 라쓰문
그녀는 geu-nyeo-neun	هي 히야	그리다 geu-ri-da	رسم 라싸마
그들은(남) geu-deul-eun	هم 훔	그제 geu-je	قبل أمس 까블라 암쓰
그들은(여) geu-deul-eun	هن 훈나	근면한 geun-myeon-han	مجتهد 무즈타히둔
그래서 geu-rae-seo	ثم 쑴마	근육 geun-yuk	عضلة 아똴라툰
그러나 geu-reo-na	لكن 라킨	금 geum	ذهب 다하분
그램 gram	غرام 그람	금메달 geum-me-dal	مدالية ذهبية 미달-리야 다하비-야
그리고 geu-ri-go	و 와	금색 geum-saek	ذهبي 다하비-윤

그녀는 여학생입니다
هي طالبة
히야 똴리-바툰

그는 기술자입니다
هو مهندس
후와 무한디쑨

나는 그림을 그린다
أرسم الرسم
아루쑤무 아르라쓰마

금속	معدن	기꺼이	بكل سرور
geum-seok	마으디눈	gi-ggeo-i	비쿨리 쑤루-르

금연	ممنوع التدخين	기념품	تذكار
geum-yeon	맘누으 앗타드킨-	gi-nyeom-pum	타드카-룬

금요일	يوم الجمعة	기능	وظيفة
geum-yo-il	야우물 주므아	gi-neung	와쥐-파툰

금전	فلوس	기다리다	انتظر
geum-jeon	풀루-순	gi-da-lida	인타좌라

금지하다	حرم	나는 기다린다	أنتظر
geum-ji-hada	하르라마		안타쥐르

급히	بسرعة	당신(남)은 기다린다	تنتظر
geub-hi	비쑤르아		탄타쥐르

급한	مستعجل	기도	دعاء
geub-han	무스타으질룬	gi-do	두아-운

급행열차	قطار سريع	기도하다	صلى
geub-haeng-yeol-cha	끼따-르 싸라-으	gi-do-hada	쏼라-

기간	فترة	기독교	مسيحية
gi-gan	파트라툰	gi-dok-gyo	마씨-히-야툰

실례지만 나를 기다려주세요

انتظرني من فضلك

인타쥐르니- 민 파들릭

기꺼이 그렇게 하겠습니다

على رأس والعين

알라 라으쓰 왈아인

기독교인	مسيحي	기억하다	ذكر
gi-dok-gyo-in	마씨-히-윤	gi-eok-hada	다카라

기둥	عمود	나는 기억한다	ذكر
gi-dung	아무-둔		아드쿠루

기록하다	سجل	기술자(여)	مهندسة
gi-rok-hada	쌎잘라	gi-sul-ja	무한디싸툰

기름	زيت	기자	صحافي
gi-reum	자이툰	gi-ja	시하-피-윤

기린	زرافة	기차	قطار
girin	자라-파툰	gi-cha	끼따-룬

기쁜	مسرور	기초적인	أساسي
gi-bbeun	마쓰루-룬	gi-cho-jeok-in	아싸-씨-윤

기사(記事)	مقالة	기침	سعال
gi-sa	마깔-라툰	gi-chim	쑤알

기숙사	سكن الطلاب	기회	فرصة
gi-suk-sa	싸카눗 뚤랍	gi-hoe	푸르솨툰

기술	هندسة	기타 등등	إلى آخره
gi-sul	한다싸툰	gi-ta deung deung	일라- 아키리히

기술자(남)	مهندس	기후	مناخ
gi-sul-ja	무한디쑨	gi-hu	마나-쿤

기자 피라미드			أهرامات الجيزة
			아흐라-마-트 알지-자

한국어	아랍어	한국어	아랍어
긴 gin	طويل 따윌-룬	지금까지 jigeum-ggaji	حتى الآن 하타- 알안
긴급한 gin-geub-han	عاجل 아-질룬	깍다(머리) ggak-da	قص 깟솨
길 gil	طريق 따리-꾼	깡통 ggang-tong	علبة 울바툰
길게 gil-ge	طويلا 따윌-란	깨 ggae	سمسم 씸씸
길모퉁이 gil-mo-tung-i	ركن 루크눈	깨끗한 ggae-ggeut-han	نظيف 나쥐-푼
길이 giri	طول 뚤-룬	깨어나다 ggae-eo-nada	استيقظ 이쓰타이까좌
김치 kim-chi	كيمتشي 	깨우다 ggae-u-da	أيقظ 아이까좌
까다(껍질) gga-da	قشر 깟샤라	깨지다 ggae-ji-da	انكسر 인카싸라
까마귀 gga-ma-gwi	غراب 구라-분	깨진 ggae-jin	مكسور 마크쑤-룬
~까지 gga-ji	حتى 핱타	껌 ggeom	لبان 루반

저를 아침 7시에 깨워주세요

أرجو أن توقظني في الساعة السابعة صباحا

아르주- 안 투-끼좌니- 핏싸아 싸-비아 쏴바-한

껍질 ggeob-jil	قشرة 끼슈라툰
꼬리 ggo-ri	ذيل 다일룬
꽃 ggeot	زهرة 자흐라툰
꿀 ggul	عسل 아쌀룬
꿀벌 ggul-beol	نحل 나흘룬
꿈 ggum	حلم 훌문
꿈꾸다 ggum-ggu-da	حلم 할라마
끈 ggeun	حبل 하블룬
끝나다 ggeun-na-da	انتهى 인타하-

나간다	خرج	나누다	قسم
na-ga-da	카라자	na-nu-da	깟싸마

나는 나간다	أخرج	나라	دولة
	아크루즈	na-ra	다울라툰

나는 나갔다		나르다	حمل
	카라즈투	na-reu-da	하말라

나는	أنا	나머지의	باق
na-neun	아나	na-meo-ji-ui	바낀

나는 한국인입니다	أنا كوري	나무	شجرة
	아나 쿠-리-	na-mu	샤자라툰

나는 한국여성입니다	أنا كورية	나비	فراشة
	아나 쿠-리-야	na-bi	피라-샤툰

여기 날씨는 어떤가요?	كيف الجو هنا؟
	케이파 알자우우 후나-

날씨가 좋습니다	الجو لطيف
	알자우우 라띠-프

날씨가 덥습니다	الجو حار
	알자우우 하-르룬

날씨가 매우 덥습니다	الجو حار جدا
	알자우우 하-르룬 쥘단

날씨가 춥습니다	الجو بارد
	알자우우 바-리드

나쁜 na-bbeun	سيء 싸이-운	난간 nan-gan	قضيب 까뒤-분
나사 na-sa	مسمار 미쓰마-룬	난방 nan-bang	سخونة 쑤쿠-나툰
나오다(=나가다) na-o-da(=na-ga-da)	خرج 카라자	날(하루) nal	يوم 야우문
나의, 저의 na-ui, jeo-ui	ي_ 이-	날개 nal-gae	جناح 지나-훈
나일강 Nile gang	النيل 안닐-	날씨 nal-ssi	جو 자우운
나체 na-che	عريان 아리야-눈	날카로운 nal-ka-ro-un	حاد 할-둔
나타나다 na-ta-nada	ظهر 좌하라	낡은 nal-eun	قديم 까디-문
나태한 na-tae-han	كسلان 카쏠라-누	남극 nam-geuk	القطب الجنوبي 알꾸뜨불 자누-비-
낙타 nak-ta	جمل 자말룬	남다 nam-da	بقي 바끼야
낙타 고기 nak-ta go-gi	لحم الجمل 라흐물 자말	남동생 nam-dong-saeng	أخ 아쿤
날씨가 추워요			الجو بارد 알자우으 바-리둔

한국어	아랍어	한국어	아랍어
남자 nam-ja	**رجل** 라줄룬	낳다 nat-da	**ولد** 왈라다
남쪽 nam-jjok	**جنوب** 자누-분	내 년 naenyeon	**السنة القادمة** 앗싸나툴 까-디마
남편 nam-pyeon	**زوج** 자우준	내무부 nae-mu-bu	**وزارة الداخلية** 위자-라툿 다-킬리-야
남한 nam-han	**كوريا الجنوبية** 쿠-리알 자누-비-야	내일 nae-il	**غدا** 가단
낮 nat	**نهار** 나하-룬	내리다 nae-ri-da	**نزل** 나잘라
낮은 nat-eun	**واطئ** 와-뛰운	냄비 naem-bi	**قدر** 끼드룬
낮잠 nat-jam	**غفوة** 가프와툰	냄새 naem-sae	**رائحة** 라-이하툰

당신은 누구입니까? **من أنت؟** 만 안타?

저는 남학생입니다 **أنا طالب** 아나 똴-리분

당신은 누구입니까?(여성) **من أنت؟** 만 안티?

저는 회사 여직원입니다. **أنا موظفة في الشركة** 아나- 무왚좌파 핏샤리카

한국어	아랍어	한국어	아랍어
냄새 맡다 naem-sae mat-da	شم 샴마	당신의 나라 dang-sin-ui na-ra	بلدك 발라두카
냅킨 napkin	منديل 민딜-룬	당신의 부인 dang-sin-ui bu-in	زوجتك 자우자투카
냉방 naeng-bang	تبريد 타브리-둔	너의(당신)의 여 neo(dang-sin)ui	ك_ 키
냉장고 naeng-jang-go	ثلاجة 쌀라-자툰	당신의 나라 dang-sin-ui na-ra	بلدك 발라두키
너는, 당신은(남) neo-neun, dang-sin-eun	أنت 안타	당신의 남편 dang-sin-ui nam-pyeon	زوجك 자우주키
너는, 당신은(여) neo-neun, dang-sin-eun	أنت 안티	너희(당신)들의(남) neo-hui(dang-sin)-deul-ui	كم 쿰
너희(당신)들은(남) neo-heui(dang-sin)deul-eun	أنتم 안툼	당신들의 나라 dang-sin-deul-ui nara	بلدكم 발라두쿰
너희(당신)들은(여) neo-heui(dang-sin)deul-eun	أنتن 안툰나	너희(당신)들의(여) neo-hui(dang-sin)deul-ui	كن 쿤나
너(당신)의(남) neo(dang-sin)ui	ك_ 카	당신들의 나라 dang-sin-deul-ui nara	بلدكن 발라두쿤나

그녀는 당신의 부인입니까?   **هل هي زوجتك؟**
할 히야 자우자투카?

그는 당신의 남편입니까?   **هل هو زوجك؟**
할 후와 자우주키?

한국어	아랍어	한국어	아랍어
넥타이 / necktie	رباط عنق / 리바-뜨 우누끄	노래 가사 / no-rae ga-sa	كلمات الأغنية / 칼라마-툴 우그니-야
넓은 / neol-beun	واسع / 와-씨운	노래하다 / no-rae-hada	غنى / 간나
넘어지다 / neom-eo-ji-da	سقط / 싸까따	노력하다 / no-ryeok-hada	اجتهد / 이즈타하다
년(해) / nyeon	عام / 암-문	노예 / no-ye	عبد / 압둔
연초 / yeon cho	رأس السنة / 라으쓰 싸나	노인 / no-in	عجوز / 아주-준
노동자(남) / no-dong-ja	عامل / 아-밀룬	노트 / note	دفتر / 다프타룬
노동자(여) / no-dong-ja	عاملة / 아-밀라툰	노파 / no-pa	عجوزة / 아주-자툰
노란색 / no-ran-saek	أصفر / 아스파르	녹음기 / nok-eum-gi	آلة التسجيل / 알-라툿 타쓰질-
노래 / no-rae	غناء / 기나-운	논의 / non-ui	مناقشة / 무나-까샤툰

농담이에요
أمزح فقط
암자후 파까뜨

저울에 놓으세요
ضع على الميزان
돠으 알랄 미-잔-

한국어	아랍어	한국어	아랍어
놀다 nol-da	لعب 라이바	높은 nop-eun	عال 알-린
놀란 nol-ran	مفاجأة 무파자아툰	놓다 not-da	وضع 와돠아
농구 nong-gu	كرة السلة 쿠라툿 쌀라	놓여진 no-yeo-jin	موضوع 마우두-운
농담 nong-dam	مزحة 마즈하툰	뇌 noe	مخ 무쿤
농부(남) nong-bu	فلاح 팔라-훈	누구? nu-gu	من؟ 만
농부(여) nong-bu	فلاحة 팔라-하툰	누구든지 nu-gu-deun-ji	أي شخص 아이- 샤크스
농업 nong-eob	زراعة 지라-아툰	누나 nu-na	أخت 우크툰
농장 nong-jang	مزرعة 마즈라아툰	누르다 nu-reu-da	كبس 카바싸

벨을 누르세요 — اكبس جرس 이크비쓰 자라쓰

이 남성분은 누구세요? — من هذا؟ 만 하다-?

이 여성분은 누구세요? — من هذه؟ 만 하디히?

눈 nun	عين 아이눈	늑대 neuk-dae	ذئب 디으분
눈 nun	ثلج 쌀준	늘, 항상 neul, hang-sang	دائما 다-이만
눈동자 nun-dong-ja	بؤبؤ العين 부-불 아인	늘씬한 neul-ssin-han	نحيف 나히-푼
눈물 nun-mul	دموع 두무-운	늙은 neulgeun	عجوز 아주-준
눈썹 nun-sseob	حاجب 하-지분	능력 neung-ryeok	قدرة 꾸드라툰
눕다 nub-da	استلقى 이쓰탈까-	능숙한 neung-suk-han	ماهر 마-히룬
뉴스 news	أنباء 안바-운	늦은 neujeun	متأخر 무타악-키룬
느끼다 neu-ggi-da	شعر 샤아라		

죄송합니다, 늦었습니다

آسف, أنا تأخرت
아-씨프, 아나- 타익카르투

한국어	아랍어	발음		한국어	아랍어	발음
다루다 / da-ru-da	تناول	타나-왈라		다섯 번째 / da-seobeon-jjae	الخامس	알카-미쓰
다르다 / da-reu-da	اختلف عن	이크탈라파 안		다스리다 / da-seu-ri-da	حكم	하카마
다른 / da-reun	مختلف	무크탈리푼		다시 / da-si	مرة أخرى	마르라탄 우크라
다리(사람) / da-ri	رجل	리즐룬		다음의 / da-eum-eui	التالي	앗탈-리
다리(교량) / da-ri	جسر	지쓰룬		다음 주 / da-eum ju	الأسبوع القادم	알우쓰부-울 까-딤
다리미 / da-ri-mi	مكواة	미크와-툰		다음 달 / da-eum dal	الشهر القادم	앗샤흐룰 까-딤
다림질하다 / da-rim-jil-hada	كوى	카와-		다음 역 / da-eum yeok	المحطة القادمة	알마할똬툴 끼 디마
다른 / da-reun	آخر	아-카루		다음 해 / da-eumhea	السنة القادمة	앗싸나툴 까-디마
다섯 / da-seot	خمس	캄쓰		다이아몬드 / diamond	الماس	알마-쓰

다른 것은 없습니까?
هل عندك شيء مختلف؟
할 에인다크 샤이 무크탈리프?

다른 방은 있습니까?
هل عندك غرفة آخر؟
할 에인다크 구르파 아-카르?

닥터(Dr.)	دكتور	단지	فقط
doctor	두크투-르	dan-ji	파까뜨

닦다	غسل	단체	جماعة
dak-da	가쌀라	dan-che	자마-아툰

나는 닦는다	أغسل	단추	زر
	아그쓸루	dan-chu	지르룬

단가	سعر محدود	닫다	أغلق
danga	씨으르 마흐두-드	dat-da	아글라까

단골	زبون	나는 닫는다	أغلق
dan-gol	자분-		우글리꾸

단과대학	كلية	닫힌	مغلق
dan-gwa-dae-hak	쿨리-야툰	dachin	무글라꾼

단순한	بسيط	달	قمر
dan-sun-han	바씨-뚠	dal	까마룬

단식	صوم	달(월)	شهر
dan-sik	쏴우문	dal	샤흐룬

단어	كلمة	달력	تقويم
dan-eo	칼리마툰	dal-ryeok	타끄위-문

다시 한번 감사드립니다   **شكرا مرة أخرى**
슈크란 마르라탄 우크라-

단식이란 무엇입니까?   **ما هو الصوم؟**
마 후왓 쏴움?

한국어	아랍어	한국어	아랍어
달걀 dal-gyal	بيض 바이둔	나는 담배 피운다	أدخن 우닥키누
달콤한 dal-kom-han	حلو 훌루운	당근 dang-geun	جزرة 자자라툰
달러 dollar	دولار 둘라-르	당기다 dang-gi-da	جذب 자다바
달리다 dal-ri-da	جرى 자라-	나는 당긴다	أجذب 아즈디부
나는 달린다	أجري 아즈리-	당기세요!	!اجذب 이즈딥
닭 dak	دجاجة 다자-자툰	당나귀 dang-na-gwi	حمار 히마-룬
닭고기 dak-go-gi	لحم الدجاجة 라흐뭇 다자-자	당뇨병 dang-nyo-byeong	مرض سكري 마라드 쑥카리-
닮다 dam-da	شابه 샤-바하	당장 dang-jang	حالا 할-란
담배 dam-bae	دخان 두카-눈	대가족 dae-ga-jok	العائلة الكبيرة 알아-일라툴 카비-라
담배 피우다 dam-bae pi-u-da	دخن 닥카나	대답 dae-dab	جواب 자와-분

이것은 US달러로는 얼마입니까? بكم هذا بالدولار الأمريكي؟
비캄 하다- 빋둘라-릴 아므리-키?

한국어	아랍어	한국어	아랍어
대답하다 dae-dab-hada	أجاب 아자-바	대학교 dae-hak-gyo	جامعة 자-미아툰
나는 대답한다 	أجيب 우지-부	대학 총장 dae-hak chong-jang	مدير الجامعة 무다-룰 자-미아
대담한 dae-dam-han	شجاع 슈자-운	대학생(남) dae-hak-saeng	طالب في الجامعة 딸-리분 필 자-미아
대략 dea-ryak	تقريبا 타끄리-반	대학생(여) dae-hak-saeng	طالبة في الجامعة 딸-리바툰 필 자-미아
대륙 dea-ryuk	قارة 까-르라툰	댄스 dance	رقص 라끄순
대리석 dae-ri-seok	رخام 루카-문	대화 dae-hwa	حوار 히와-룬
대부분 dae-bu-bun	معظم 무으좌문	댐 daem	سد 쌓둔
대사관 dae-sa-gwan	سفارة 씨파-라툰	더 가까운 deo ga-gga-un	أقرب 아끄라브
대서양 dae-seo-yang	المحيط الأطلسي 알무히-뚤 아뜰라씨-	더 많은 deo man-eun	أكثر 아크싸르
대추야자 dae-chu-ya-ja	تمر 탐므룬	더 작은 deo jak-eun	أصغر 아스가르
대통령 dae-tong-ryeong	رئيس 라이-쑨	더 저렴한 deo jeo-ryeom-han	أرخص 아르카스

한국어	아랍어	발음	한국어	아랍어	발음
더 좋은 / deo jo-eun	أحسن	아흐싼	덕분에 / deok-bun-e	بفضلك	비파들릭
더 큰 / deo keun	أكبر	아크바르	던지다 / deon-ji-da	رمى	라마-
더러운 / deo-reo-eun	وسخ	와씨쿤	나는 던진다	أرمي	아르미-
더블 베드 / double-bed	سرير مزدوج	싸리-르 무즈다와즈	덮다 / deob-da	غطى	갇따-
더운 / deo-un	حار	하-르룬	도구 / do-gu	أداة	아다-툰
더 좋아하다 / deo jo-a-hada	فضل	팔딸라	도끼 / do-ggi	فأس	파으쑨
더하다 / deohada	أضاف	아돠-파	도덕 / do-deok	أخلاق	아클라-꾼

더 저렴한 것이 있나요? **هل عندك شيء أرخص؟**
할 에인다크 샤이운 아르카스?

저는 더 저렴한 것을 원합니다 **أريد شيئا أرخص**
우리-두 샤이안 아르카스

더블룸이 있습니까? **هل عيدك غرفة بسرير مزدوج؟**
할 에인다크 구르파툰 비싸리-르 무즈다와즈?

나는 고기보다 생선을 더 좋아합니다 **أفضل السمك على اللحم**
우팔될루 앗싸마카 알라- 알라훔

도움	مساعدة	도둑	سارق
do-um	무싸-아다툰	do-duk	싸-리꾼
도착	وصول	도로	طريق
do-chak	우술-룬	do-ro	따리-꾼
도착하다	وصل	독립	استقلال
do-chak-hada	와쌀라	dok-rib	이쓰티끌라-룬
나는 도착한다	أصل	독립의	مستقل
	아실루	dok-rib-ui	무쓰타낄룬
독수리	عقاب	도망	هروب
dok-su-ri	우까-분	do-mang	후루-분
독일	ألمانيا	도살	ذبح
dok-il	알마-니야	do-sal	디브훈
독일사람	لماني	도서관	مكتبة
dok-il-sa-ram	알마-니-윤	do-seo-gwan	마크타바툰
돈	نقود	도시	مدينة
don	누꾸-둔	do-si	마디-나툰

날씨가 매우 덥습니다   **الجو حار جدا**
알자우- 하-르룬 짙단

나는 이것을 더 좋아한다   **أفضله**
우팓될루후

도와주셔서 감사합니다   **شكرا على مساعدتك**
슈크란 알라- 무싸-아다티크

돌다 dol-da	دار 다-라	나는 돕는다	أساعد 우싸-이두
돌아가다 dol-a-gada	رجع 라자아	동물 dong-mul	حيوان 하야와-눈
나는 돌아간다	أرجع 아르지우	동물원 dong-mul-won	حديقة الحيوانات 하다끼툴 하야와-나트
돌아오다 dol-a-o-da	عاد 아다	동상(모형) dong-sang	تمثال 팀쌀-룬
돕다 dob-dda	ساعد 싸-아다	동생(남) dong-saeng	أخ 아쿤

당신 돈 있습니까?   **هل عندك نقود؟**
할 에인다크 누꾸-드?

저는 돈이 없습니다   **ليس عندي نقود**
라이싸 에인디- 누꾸-드

저는 충분한 돈이 없습니다   **ليس عندي نقود خافي**
라이싸 에인디- 누꾸-드 카-피-

오른쪽으로 도세요   **در إلى اليمين من فضلك**
두르 일랄 야민- 민 파들릭

5분 뒤에 돌아오겠습니다   **سأعود بعد خمس دقائق**
싸아우-두 바으다 캄쓰 다까-이끄.

왼쪽으로 도세요   **در إلى اليسار من فضلك**
두르 일랄 야싸-르 민 파들릭

동생(여) dong-saeng	**أخت** 우크툰	두꺼운 du-ggeo-un	**سميك** 싸미-쿤
동의 dong-ui	**اتفاق** 일티파-꾼	두드리다 du-deu-rida	**دق** 닥까
동의하다 dong-ui-hada	**اتفق** 일타파까	두려운 du-ryeo-un	**خائف** 카-이푼
동전 dong-jeon	**نحاس** 누하-쑨	두 번째 du-beon-jjae	**الثاني** 앗싸-니-
동쪽 dong-jjok	**شرق** 샤르꾼	두통 du-tong	**صداع** 수다-운
동행하다 dong-haeng-hada	**رافق** 라-파까	둘레 dul-re	**حول** 하울라
~이 되다 ~i doe-da	**أصبح** 아스바하	둥근 dung-geun	**مستدير** 무쓰타디-룬
돼지 dwae-ji	**خنزير** 킨지-룬	둥지 dung-ji	**عش** 웃슌
돼지고기 dwae-ji-go-gi	**لحم الخنزير** 라흐물 킨지-르	뒤에 dwi-e	**وراء** 와라-아

나는 두통약이 필요합니다   **أحتاج إلى حبوب الصداع**
아흐타-주 일라 후부-빗 수다-이

되도록 많이   **أكثر ما يمكن**
아크싸르 마 윰킨

뒤에	خلف	듣다	سمع
dwi-e	칼파	deut-da	싸미아

드럼	طبل	나는 듣는다	أسمع
drum	따블루분		아쓰마우

들다(마음에)	أعجب	나는 들었다	سمعت
deul-da	아으자바		싸미으투

들어가다(오다)	دخل	등(인체)	ظهر
deul-eo-gada	다칼라	deung	좌흐룬

나는 들어간다	أدخل	등기우편	رسالة مسجلة
	아드쿨루	deung-gi-u-pyeon	리쌀-라툰 무싸잘라

올리다	أرفع رفع	등대	فنار
ollida	라파아	deung-dae	피나-룬

나는 (들어)올린다	أرفع	등록하다	سجل
	아르파우	deung-rok-hada	싸잘라

이것이 당신(남) 마음에 들어요? **هل هذا يعجبك؟**
할 하다- 유으지부카?

이것이 당신(여) 마음에 들어요? **هل هذا يعجبك؟**
할 하다- 유으지부키?

이것이 내 마음에 들어요 **هذا يعجبني**
하다- 유으지부니-

이것이 내 마음에 들지 않아요 **هذا لا يعجبني**
하다- 라 유으지부니-

나는 등록한다	أسجل 우싹질루	때리다 ttae-ri-da	ضرب 돠라바
등산 deung-san	تسلق 타쌀루꾼	나는 때린다	أضرب 아드리부
등산하다 deung-san-hada	تسلق 타쌀라까	딸 ttal	بنت 빈툰
나는 등산한다	أتسلق 아타쌀라꾸	딸기 ttal-gi	فراولة 파라-울라툰
디나르(화폐단위) dinar	دينار 디나르	땀 ttam	عرق 아라꾼
디르함(화폐단위) dirham	درهم 디르함	땀 나다 ttam nada	عرق 아리까
디저트 dessert	حلوى 할와-	땅 ttang	أرض 아르둔
디자이너(남) designer	مصمم 무쌈미문	땅콩 ttang-kong	فول سوداني 풀 쑤-다니-
디자이너(여) designer	مصممة 무쌈미마툰	때때로 ttae-ttae-ro	أحيانا 아흐야-난
디자인 design	تصميم 타스미-문	떠나다 tteo-na-da	غادر 가-다라
따뜻한 tta-ddeut-han	دافئ 다-피운	떠오르다 tteo-o-reu-da	طلع 똴라아

한국어	아랍어	발음
떨다 / tteol-da	ارتجف	이르타자파
떨어지다 / tteol-eo-jida	سقط	싸까따
또는 / tto-neun	أو	아우
또한 / tto-han	أيضا	아이돤
똑똑한 / ttok-ttok-han	ذكي	다키-윤

우리는 여기에서 언제 떠나야 합니까?

متى يجب أن نغادر من هنا؟

마타- 야지부 안 누가-디라 민 후나?

저는 내일 두바이로 떠납니다

سأغادر إلى دبي غدا

싸우가-디루 일라 두바이 가단-

한국어	아랍어	한국어	아랍어
라디오 / radio	إذاعة / 이다-아툰	레바논 / Lebanon	لبنان / 루브난-
라마단(단식의 달) / ramadan	رمضان / 라마됀-	레바논 사람 / Lebanon sa-ram	لبناني / 루브나니-윤
라이터 / lighter	ولاعة / 왈라-아툰	레바논 수도(베이루트) / Lebanon su-do(Beirut)	بيروت / 바이루-투
램프 / lamp	مصباح / 미스바-훈	렌즈 / lens	عدسة / 아다싸툰
러시아 / Russia	روسيا / 루-씨야	~로(to) / ~ro	إلى / 일라-
러시아 사람 / Russia sa-ram	روسي / 루-씨-윤	~로부터(from) / ~ro bu-teo	من / 민
레몬 / lemon	ليمون / 라이문-	리비아 / Libya	ليبيا / 리-비야-
레몬주스 / lemon juice	عصير ليمون / 아시-르 라이문-	리비아 사람 / Libya sa-ram	ليبي / 리-비-윤

자비스러운 라마단 되길!

رمضان كريم
라마됀- 카림-

축복 받은 라마단 되길!

رمضان مبارك
라마됀- 무바-라크

렌터카 사무실
rent car sa-mu-sil

مكتب تأجير سيارات
마크탑 타으지-르 싸이야-라-트

리비아 수도(트리폴리) **طرابلس**
Libya su-do(Tripoli) 따라-불쓰

리본 **شريط**
ribbon 샤리-뜬

리셉션(접수처) **استقبال**
reception 이쓰티끄발-룬

리셉셔니스트(접수원)
موظف استقبال
receptionist 무왓좌푼 이쓰티끄발

리알(화폐단위) **ريال**
riyal 리얄-

리터 **لتر**
liter 리트르

마늘 ma-neul	ثوم 싸움	마약 ma-yak	مخدر 무칼디룬
마술 ma-sul	سحر 씨흐룬	마요네즈 mayonnaise	مايونيز 마-유-니-즈
마술사(남) ma-sul-sa	ساحر 싸-히룬	마을 ma-eul	قرية 까르야툰
마술사(여) ma-sul-sa	ساحرة 싸-히라툰	마음 ma-eum	قلب 깔분
마사지 massage	تدليك 타들리-쿤	마이크로폰 microphone	ميكروفون 마이크루-푼-
마시다 ma-si-da	شرب 샤리바	마일 mile	ميل 마일
나는 마신다	أشرب 아슈라부	마지막 ma-ji-mak	نهاية 니하-야툰
나는 마셨다	شربت 샤립투	마차 ma-cha	عربة 아라바툰

만나서 반갑습니다(처음 뵙겠습니다)	فرصة سعيدة 푸르쏴툰 싸이-다
반갑습니다	تشرفنا 타샤르라프나
당신을 만나뵙게 되어 기쁩니다	أنا مسرور بلقائك 아나 마쓰루-르 비리까-이카

한국어	아랍어	한국어	아랍어
마침(끝) ma-chim	انتهاء 인티하-운	만년필 man-nyeon-pil	قلم حبر 깔람 히브르
막대기 mak-dae-gi	عصا 아싸	만들다 man-deul-da	صنع 쑤나아
만(10000) man	عشرة آلاف 아샤라 알-라프	만들어진 man-deul-eo-jin	مصنوع 마스누-운
만나다 man-na-da	قابل 까-발라	만족하다 man-jok-hada	رضي 라뒤야
나는 만난다	أقابل 우까-빌루	만족한 man-jok-han	مبسوط 마브쑤-뚠
나는 만났다	قابلت 까-발투	만지다 man-ji-da	لمس 라마싸
만남 man-nam	مقابلة 무까-발라툰	나는 만진다	ألمس 알마쑤

무함마드씨를 언제 만날 수 있나요?

متى أستطيع أن أقابل السيد محمد؟

마타- 아쓰타뛰-우 안 우까-빌라 앗싸이드 무함마드?

나는 파티마 여사를 뵙고 싶습니다

أود أن أقابل السيدة فاطمة

아왓두 안 우까-빌라 앗싸이다 파-띠마

우리 거기서 만나요

سنقابل هناك

싸누까-빌루 후나-카

만약 manyak	**إذا** 이다-	말(언어) mal	**كلام** 칼람
만화 man-hwa	**رسوم متحركة** 루쑤-문 무타하르리카	말다툼 mal-da-tum	**مشاجرة** 무샤-자라툰
많은 man-eun	**كثير** 카씨-룬	말다툼하다 mal-da-tum-hada	**تشاجر** 타샤-자라
말(동물) mal	**حصان** 히솨-눈	말하다 mal-ha-da	**قال** 깔-라

당신(남) 일에 만족합니까?　　**هل ترضى بعملك؟**
　　　　　　　　　　　　　할 타르돠- 비아말리카?

저의 일에 만족합니다　　**أرضى بعملي**
　　　　　　　　　　아르돠- 비아말리-

나는 당신에게 말한다(여보세요)　　**أقول لك**
　　　　　　　　　　　　　아꿀-루 라캬(아굴락)

나는 당신에게 말했다　　**قلت لك**
　　　　　　　　　　꿀투 라크

당신은 영어 하십니까?　　**هل تتكلم اللغة الإنجليزية؟**
　　　　　　　　　　할 타타칼라물 루가탈 인글리-지야?

저는 그것을 말 합니다　　**أتكلمها**
　　　　　　　　　　아타칼라무 하-

당신은 아랍어 하십니까?　　**هل تتكلم اللغة العربية؟**
　　　　　　　　　　할 타타칼라물 루가탈 아라비-야

말하자면	يعني	망원경	مقراب
mal-ha-ja-myeon	야으니-	mang-weon-geong	미끄라-분

맑은	صافي	맞습니다	صحيح
malgeun	쌰-피	mat-seub-nida	쌰히-훈

맛	طعم	맞이하다	قبل
mat	따아문	majihada	까빌라

맛있는	لذيذ	매년	كل سنة
mat-it-neun	라지-준	mae-nyeon	쿨루 싸나

맛없는	غير لذيذ	매스컴	وسائل الإعلام
mat-eob-neun	가이루 라디-드	masscom	와싸-일 이을람-

망고	مانجو	매우	جدا
mango	만주	mae-u	짙단

저는 할 수 없습니다

لا أستطيع
라 아쓰타띠-우

나는 머리가 아픕니다

أشعر بألم في رأسي
아슈우르 비알람 피 라으씨-

음식이 정말 맛있어요

الطعام لذيذ جدا
앗따아-무 라디-둔 짙단

맛있게 드세요

بالهناء والشفاء
빌하나-이 왓쉬파-

음식 솜씨가 좋군요

تسلم يدك
타쏠람 야다키

한국어	아랍어	한국어	아랍어
매운 mae-un	حار 하르룬	머리카락 meo-ri-ka-lak	شعر 샤으룬
매월 mae-weol	كل شهر 쿨루 샤흐르	먹다 meok-da	أكل 아칼라
매일 mae-il	كل يوم 쿨루 야움	나는 먹는다	آكل 아-쿨루
매주 mae-ju	كل أسبوع 쿨루 우쓰부-으	나는 먹었다	أكلت 아칼투
매표소 mae-pyeo-so	شباك التذاكر 슙바크 타다-키르	먼 meon	بعيد 바이-둔
맥박 maek-bak	نبض 나브둔	먼지 meon-ji	تراب 투라-분
머리 meo-ri	رأس 라으쑨	멈추다 meom-chu-da	وقف 와까파

알라께 맹세코! (정말로)   والله
왈라히

오늘의 메뉴는 무엇입니까?   ما يوم الطبق؟
마- 야우뭇 따바끄?

메뉴판 좀 주세요   قائمة الطعام لو سمحت
까-이마툿 따암- 라우 싸마흐트

영어로 된 메뉴판이 있습니까?

هل عندك قائمة الطعام بالإنجليزية
할 에인다크 까-이마툿 따암- 빌인글리-지야-

멈추세요	قف	면도하다	حلق
	끼프	myeon-do-hada	할라까

멍(타박상)	كدمة	면세	إعفاء من الضرائب
meong	카드마툰	myeon-se	이으파 민낫 돠라-입

메뉴(식당)	قائمة الطعام	면적	مساحة
menu	까-이마툿 똬암-	myeon-jeok	미싸-하툰

메뚜기	جرادة	면제	إعفاء
me-ddu-gi	자라-다툰	myeon-je	이으파-운

메밀	حنطة سوداء	면허증	رخصة القيادة
me-mil	힌따툰 싸우다우	myeon-heo-jeung	루크솨툴 끼야-다

메인메뉴	طبق رئيسي	명단	قائمة الأسماء
main memu	똬바꼬 라이-씨-	myeong-dan	까-이마툴 아쓰마-이

메카	مكة المكرمة	명령	أمر
Mecca	막카툴 무카르라마	myeong-ryeong	아므룬

무엇을 먹고 싶으세요?
ماذا تريد أن تأكل؟
마-다- 투리-두 안 타으쿨라?

저는 생선을 먹고 싶습니다
أريد أن آكل السمك
우리-두 안 아-쿨라 싸마크

실례지만 여기서 세워주세요
قف هنا من فضلك
끼프 후나- 민 파들릭

이슬람의 명절은 몇 개가 있습니까?
كم عيدا في الإسلام؟
캄 이-단 필 이쓸람?

한국어	아랍어	한국어	아랍어
명절 myeong-jeol	عيد 이-둔	모리타니 Mauritanie	موريتانيا 무-리-타-니야
명함 myeong-ham	بطاقة 비따-까툰	모리타니 사람 Mauritanie sa-ram	موريتاني 무-리-타-니-윤
모기 mo-gi	ناموس 나무-쑨	모리타니 수도(누악쇼트) Mauritanie su-do(Nouakchott)	نواكشوط 누와-크슈-뜨
모든 것 mo-deun geot	كل شيء 쿨루 샤이-	모양 mo-yang	شكل 샤클룬
모래 mo-rae	رمل 라믈룬	모임 mo-im	اجتماع 이즈티마-운
모레 mo-re	بعد غد 바으다 가딘	모으(이)다 mo-eu-da	جمع 자마아
모로코 Morocco	المغرب 알마그립	모자 mo-ja	قبعة 꿉바아툰
모로코 사람 Morocco sa-ram	مغربي 마그리비-윤	모직물 mo-jik-mul	صوف 수-푼
모로코 수도(리바트) Morocco su-do(Rabat)	الرباط 아르라바-뜨	모험 mo-heom	مغامرة 무가-마라툰
모른다(나는) mo-reun-da	لا أعرف 라 아으리푸	모험하다 mo-heom-hada	غامر 가-마라
나는 몰랐다	لم أعرف 람 아으리프		

목(신체)	رقبة	목요일	يوم الخميس
mok	루끄바툰	mok-yo-il	야우물 카미-쓰

목걸이	عقد	목욕탕	حمام
mok-geol-i	이끄둔	mok-yok-tang	함마문

목구멍	حلق	목욕하다	استحم
mok-gu-meong	할꾼	mok-yok-hada	이쓰타함마

목 마른	عطشان	나는 목욕한다	أستحم
mok ma-reun	아뜨샤-누		아쓰타힘무

목수	نجار	나는 목욕했다	استحممت
mok-su	낮자-룬		이쓰타흐맘투

당신(남) 무슨 일 있어요?	ما بك؟
	마- 비카?

당신(여) 무슨 일 있어요?	ما بك؟
	마- 비키?

무엇이든	أي شيء
	아이- 샤이인

어제 무엇을 했습니까?	ماذا فعلت أمس؟
	마-다 파알타 암쓰?

무엇을 샀습니까?	ماذا اشتريت؟
	마-다 이슈타라이타?

이것은 무슨 의미인가요?	ما معنى هذا؟
	마- 마으나- 하다-?

한국어	아랍어	한국어	아랍어
목적 mok-jeok	غرض 가르둔	무료로 mu-ryo-ro	بلاشئ 발라-쉬
목재 mok-jae	خشب 카샤분	무릎 mu-reup	ركبة 루크바툰
목표 mok-pyo	هدف 하다푼	무아진(예배시간이 되었음을 알리는 사람) mu-a-jin	مؤذن 무왓지눈
몸 mom	جسم 지쓰문	무엇(뒤에 명사가 옴) mu-eot	ما؟ 마
못 mot	مسمار 미쓰마-룬	무엇(뒤에 동사가 옴) mu-eot	ماذا؟ 마다
못생긴 mot-saeng-gin	قبيح 까비-훈	무역 mu-yeok	تجارة 티자-라툰
묘지 myo-ji	مقبرة 마끄바라툰	무익한 mu-ik-han	غير مفيد 가이루 무피-드
무(채소) mu	فجل 피즐룬	무지개 mu-ji-gae	قوس قزح 까우쑤 꾸자흐
무거운 mu-geo-un	ثقيل 싸낄-룬	무지한 mu-ji-han	جاهل 자-힐룬
무게 mu-ge	وزن 와즈눈	문 mun	باب 바-분
무게를 달다 mu-ge-reul dalda	وزن 와자나	문구(글귀) mun-gu	عبارة 이바-라툰

한국어	아랍어	발음	한국어	아랍어	발음
문법 mun-beob	قواعد	까와-이드	물담배 mul-dam-bae	شيشة	쉬-샤
문자 mun-ja	حرف	하르푼	물론입니다 mul-ron-ibnida	طبعا	따브안
문장 mun-jang	جملة	주믈라툰	물통 mul-tong	جردل	자르달룬
문제 mun-je	مشكلة	무쉬킬라툰	미국 mi-guk	أمريكا	아므리-카
문제(문항) mun-je	سؤال	쑤왈-룬	미국 사람 mi-guk sa-ram	أمريكي	아므리키-
문학 mun-hak	أدب	아다분	미네럴 워터 mineral water	مياه معدنية	미야-훈 마으다니-야
문화 mun-hwa	ثقافة	싸까-파툰	미라 mi-ra	مومياء	무-미야-운
묻다(질문) mut-da	سأل	싸알라	미래 mi-rae	مستقبل	무쓰타끄발룬
나는 질문하다	أسأل	아쓰알루	미리 mi-ri	مقدما	우깓디만
물 mul	ماء	마-운	미망인 mi-mang-in	أرملة	아르말라툰
정말 죄송합니다				أنا آسف جدا	아나- 아-씨프 짇단

미성년자	شخص قاصر	밀(wheat)	حنطة
mi-seong-nyeon-ja	샤크순 까-시룬	mil	한따툰

미소	ابتسام	밀다	دفع
mi-so	이브티싸-문	mil-da	다파아

미안합니다	آسف	밀어요(미세요)	ادفع
mi-an-habnida	아-씨프		이드파으

미터	متر	밀크커피	قهوة بالحليب
meter	미트르	milk coffee	까흐와툰 빌할립-

미터기(택시)   عداد
meter-gi   앋다-둔

민족   قوم
min-jok   까우문

민족주의   قومية
min-jok-ju-ui   까우미-야툰

민주주의   ديمقراطية
min-ju-ju-ui   디-무끄라-뛰야툰

민중   شعب
min-jung   샤으분

믿다   صدق
mit-da   솨다까

나는 믿는다   أصدق
우솨디꾸

바깥의 ba-ggat-ui	خارج 카-리준	바라보다 ba-ra-boda	نظر 나좌라
바겐세일 bargain sale	تخفيضات 타크피-돠-툰	나는 바라본다	أنظر 안주루
바구니 ba-gu-ni	سلة 쌀라툰	나는 보았다	نظرت 나좌르투
바꾸다 ba-ggu-da	غير 가이야라	바람 ba-ram	ريح 리-훈
바나나 banana	موز 마우준	바람이 불다 ba-ram-i bul-da	هب 합바
바느질 ba-neu-jil	خياط 키야-뚠	바레인 Bahrein	بحرين 바흐라인
바늘 ba-neul	إبرة 이브라툰	바레인 사람 Bahrein sa-ram	بحريني 바흐라이니-윤
바다 ba-da	بحر 바흐룬	바레인 수도(마나마) Bahrein su-do (Manama)	المنامة 알마나마
바라다(원하다) ba-ra-da	رغب 라기바	바쁜 ba-bbeun	مشغول 미슈굴-룬
나는 바란다	أرغب 아르가부	바위 ba-wi	صخرة 수크라툰

바다가 보이는 객실을 원합니다   أريد غرفة تطل على البحر
우리-두 구르파 투뛸루 알랄 바흐르

바이올린	كمان	밖에	خارج
violin	카만-	bak-e	카리자

바지	بنطلون	반갑습니다	تشرفنا
ba-ji	반딸룬	ban-gab-seubnida	타샤르라프나

바퀴	دائرة	~반대하여	ضد
ba-kwi	다-이라툰	ban-dae-ha-yeo	둳다

박물관	متحف	반대하다	عارض
bak-mul-gwan	마트하푼	ban-dae-hada	아라돠

박사(남)	دكتور	반도	شبه الجزيرة
bak-sa	두크투-룬	bando	쉽훌 자지-라

박사(여)	دكتورة	반드시	لازم
bak-sa	두크투-라툰	ban-deu-si	라-짐

박수	تصفيق	반복하다	كرر
bak-su	타스피-꾼	ban-bok-hada	카르라라

박수치다	صفق	반원	نصف الدائرة
bak-su-chi-da	솨파까	ban-won	니스풋 다-이라

박쥐	وطواط	반죽하다	عجن
bak-jwi	와뜨와-뚠	ban-juk-hada	아자나

박하	نعناع	반지	خاتم
bak-ha	나으나-운	ban-ji	카-타문

박물관이 어디있나요? أين المتحف؟
아이날 마트하프?

한국어	아랍어	한국어	아랍어
반창고 ban-chang-go	ضماد 뒤마-둔	나는 발송했다	أرسلت 아르쌀투
받아들이다 bat-a-deul-i-da	قبل 까빌라	발신자 bal-sin-ja	المرسل 알무르씰루
발(신체) bal	قدم 까담	발음하다 bal-eum-hada	لفظ 라파좌
발견하다(「발견」) bal-gyeon-hada	اكتشف 이크타샤파	발전하다 bal-jeon-hada	تطور 타따우와라
발견하다 bal-gyeon-hada	وجد 와자다	발코니 balcony	شرفة 슈르파툰
발명하다 bal-myeong-hada	اخترع 이크타라아	발표하다 bal-pyo-hada	أعلن 아을라나
나는 발명했다	اخترعت 이크타라으투	밝은 balgeun	فاتح 파-티훈
발목 bal-mok	كاحل 카-힐룬	밝은 색 balgeun saek	لون فاتح 라우눈 파-티흐
발송하다 bal-song-hada	أرسل 아르쌀라	밤 bam	ليلة 라일라
나는 발송한다	أرسل 우르씰루	방 bang	غرفة 구르파툰
발신자 성함이 어떻게 되지요?			ما اسم المرسل؟ 마쓰물 무르씰?

방 있습니까?	**غرفة من فضلك؟**	
	구르파트 민 파들릭?	
방번호 bang-beon-ho	**رقم الغرفة** 라꾸물 구르파	
방문하다 bang-mun-hada	**زار** 자-라	
나는 방문한다	**أزور** 아주-루	
나는 방문했다	**زرت** 주르투	
방법 bang-beob	**أسلوب** 우쓸루-분	
방어하다 bang-eo-hada	**دفع** 다파아	
방사능 bang-sa-neung	**النشاط الإشعاعي** 안니샤-뚤 이슈아-이	
방송 bang-song	**إذاعة** 이다-아툰	
밭 bat	**حقل** 하끌룬	
배(과일) bae	**كمثري** 쿰싸리	
배(기선) bae	**مركب** 마르카분	
배(신체) bae	**بطن** 바뜨눈	
저는 배가 아픕니다	**أشعر بألم في بطني** 아슈우루 비알람 피 바뜨니-	
배고픈 bae-go-peun	**جوعان** 자우아-누	
나는 배가 고픕니다	**أنا جائع** 아나 자-이운	
배멀미 bae-meol-mi	**دوار البحر** 두와-룰 바흐르	
배부른 bae-bu-reun	**شبعان** 샤브아-누	
배열 bae-yeol	**ترتيب** 타르티-분	
배우(남) bae-u	**ممثل** 무맛씰룬	
배우(여) bae-u	**ممثلة** 무맛씰라툰	
배우다 bae-u-da	**تعلم** 타알라마	

백(100)	مِئَةٌ	뱃짐	شحنة
baek	미아툰	baet-jim	샤흐나툰
백과사전	دائرة المعارف	버섯	فطر
baek-gwa-sa-jeon	다이라툴 마아리프	beo-seot	푸뜨룬
백만	مليون	버스	حافلة
baek-man	밀리윤-	bus	하-필라툰
백분율	بالمئة	버스정류장	محطة الحافلة
baek-bun-yul	빌미아	bus-jeong-ryu-jang	마핱뚜툴 하-필라
뱀	حي	버터	زبدة
baem	하이	butter	주브다툰

당신(남)은 어디서 아랍어를 배웠습니까?

أين تعلمت اللغة العربية؟

아이나 타알람타 알루카탈 아라비-야?

나는 대학교에서 그것을 배웠습니다.   **تعلمتها في الجامعة**

타알람투하- 필 자-미아

시장에 가려면 어떤 버스를 타야합니까?

أي حافلة يجب أن آخذ لأذهب إلى السوق؟

아이- 하-필라 야지부 안 아-쿠다 리아드하바 일랏 쑤-끄?

버스 요금이 얼마입니까?   **كم هي أجرة الحافلة؟**

캄 히야 우즈라툴 하-필라?

버스정류장이 어디있나요?   **أين محطة الحافلات؟**

아이나 마핱뚜툴 하-필라-트?

한국어	아랍어	한국어	아랍어
번역 beon-yeok	ترجمة 타르마자툰	법무부 beob-mu-bu	وزارة العدل 위자-라툴 아들
번역가(남) beon-yeok-ga	مترجم 무타르지문	벗다 beot-da	اختلع 이크탈라아
번역가 (여) beon-yeok-ga	مترجمة 무타르지마툰	베개 be-gae	وسادة 위싸-다툰
번역하다 beon-yeok-hada	ترجم 타르자마	벨트 belt	حزام 히자-문
번호 beon-ho	رقم 라끄문	벼룩 byeo-ruk	برغوث 바르구-쑨
벌(곤충) beol	نحل 나흘룬	벽 byeok	حائط 하-이뚠
벌(징벌) beol	عقاب 이까-분	벽난로 byeok-nan-ro	موقد 마우끼둔
벌 주다 beol juda	عاقب 아-까바	변경 byeon-gyeong	تغيير 타그이-룬
범인 beom-in	مجرم 무즈리문	변비 byeon-bi	امساك 임싸-쿤
범죄 beom-joe	جريمة 자리-마툰	변호사(남) byeon-ho-sa	محامي 무하-미-
법 beob	قانون 까-누-눈	변호사(여) byeon-ho-sa	محامية 무하-미-야툰

별	نجم	곧 봅시다	أراك قريبا
byeol	나즈문		아라-카 까리-반

병	زجاجة	보라색	بنفسجي
byeong	주자-자툰	bo-ra-saek	바나프싸지

병(질병)	مرض	보리	شعير
byeong	마라둔	bo-ri	쌰이-룬

병아리	كتكوت	보석	جوهر
byeong-a-ri	카트쿠-툰	bo-seok	자우하룬

병원	مستشفى	보석류	مجوهرات
byeong-won	무쓰타쉬파	bo-seok-ryu	무자우하라-툰

보고싶다	اشتاق إلى	보수적인	محافظ
bo-go-sibda	이슈타-까 일라-	bo-su-jeok-in	무하-피준

보내다	بعث	보이다	ظهر
bo-nae-da	바아싸	bo-i-da	좌하라

보다	رأى	보증	ضمانة
bo-da	라아-	bo-jeung	돠마-나툰

별 일 아닙니다

ما عليه شيء

마알리쉬

저를 병원으로 데려가주세요

خذني إلى المستشفى

쿠즈니- 일랄 무쓰타쉬파

당신이 너무 보고싶었습니다

اشتقيت إليك كثيرا

이슈타까이투 일라이크 카씨-란

보통	عادي
bo-tong	아-디-윤

보통우편	البريد العادي
bo-tong-u-pyeon	알바리둘 아다-

보호	حماية
bo-ho	히마-야툰

보행자	ماشي
bo-haeng-ja	마-쉬-

보험	تأمين
bo-heom	타으미-눈

복도	ممر
bok-do	마마르룬

복사	نسخة
bok-sa	누쓰카툰

복사하다	صور
bok-sa-dada	쏴우와라

복숭아	خوخة
bok-sung-a	쿠-카툰

복습	مراجعة
bok-seub	무라-자아툰

복용하다	تناول
bok-yong-hada	타나-왈라

복잡한	مزدحم
bok-jab-han	무즈다히문

복종하는	طائع
bok-jong-ha-neun	똬-이운

볼(얼굴)	خد
bol	칻둔

무엇을 도와드릴까요?
أي خدمة؟
아이유 키드마?

저것을 보여주실 수 있습니까?
ممكن تريني ذلك؟
뭄킨 투리-니- 달리카?

나는 저것을 보고싶습니다
أريد أن أرى ذلك
우리-두 안 아라- 달리카

보통 우편은 얼마인가요?
كم يكلف بالبريد العادي؟
캄 유칼리푸 빌바리-딜 아-디-?

봄	الربيع	부르다	نادى
bom	아르라비-우	bu-reu-da	나다-

봉사(서비스)	خدمة	부르다(칭하다)	سمى
bong-sa	키드마툰	bu-reu-da	쌈마

봉사자	متطوع	부른(배가)	شبعان
bong-sa-ja	무타따우위운	bu-reun	샤브아-누

봉투	ظرف	부모님	والدان
bong-tu	좌르푼	bu-mo-nim	왈-리다-니

부가하는	إضافي	부부	زوجان
bu-ga-ha-neun	이돠-피-윤	bubu	자우자-니

부끄러운	خجول	부분	جزء
bu-ggeu-reo-un	카줄-룬	bu-bun	주즈운

부동산	وكيل عقاري	부엌	مطبخ
bu-dong-san	와킬-룬 아까-리-	bu-eok	마뜨바쿤

부두	رصيف ميناء	부유한	غني
bu-du	라시-프 미-나	bu-yu-han	가니-윤

부디(어서)~하세요	تفضل
	타퐈딸

부인(madam)	سيدة
bu-in	싸이-다툰

어서 들어오세요	تفضل وادخل
	타퐈딸 와드쿨

부자	غني
bu-ja	가니-윤

어서 드세요	تفضل وتناول
	타퐈딸 와타나-왈

부재의	غائب
bu-jae-ui	가-이분

한국어	아랍어	한국어	아랍어
부족하다 bu-jok-hada	افتقر 이프타까라	북극성 buk-geuk-song	نجم القطب 나즈물 꾸뜨브
부채 bu-chae	مروحة 마르와하툰	북한 buk-han	كوريا الشمالية 쿠-리야 쉬말-리야
부통령 bu-tong-ryeong	نائب الرئيس 나이불 라이-쓰	분(시간) bun	دقيقة 다끼-까툰
~로부터 ro bu-teo	من 민	분석하다 bun-seok-hada	حلل 할랄라
부패하다 bu-pae-hada	تعفن 타앞파나	분수(水) bun-su	نافورة 나-푸-라툰
부패한 bu-pae-han	عفن 아파눈	분주한 bun-ju-han	مشغول 마슈굴-룬
북(악기) buk	طبل 따블룬	불 bul	نار 나-룬
북쪽 buk-jjok	شمال 샤말-룬	불 끄다 bul ggeu-da	أطفأ 아뜨파아
북극 buk-geuk	القطب الشمالي 알꾸뜨붓 샤말-리	불공정한 bul-gong-jeong-han	غير عادل 가이르 아-딜

당신(남)께 부탁 드립니다(please)   من فضلك
민 파들리카

당신(여)께 부탁 드립니다(please)   من فضلك
민 파들리키

Korean	Arabic	Korean	Arabic
~불구하고 bul-gu-hago	رغم 라그마	비 bi	مطر 마따루
불 켜다 bul kyeo-da	أشعل 아슈알라	비 오는 bi o-neun	ممطر 뭄띠루
불임의 bul-im-ui	عاقر 아-끼루	비 오다 bi o-da	أمطر 암따라
불쾌한 bul-kwae-han	رديء 라디-우	비난하다 bi-nan-hada	شتم 샤타마
불편한 bul-pyon-han	غير مريح 가이르 무리-흐	비누 bi-nu	صابون 쏴-분-
불행한 bul-hang-han	منكود 만쿠-둔	비단 bi-dan	حرير 하리-루
붐비는 bum-bi-neun	مزدحم 무즈다히문	비둘기 bi-dul-gi	حمامة 하마-마툰
브레이크 brake	فرملة 파르말라툰	비밀 bi-mil	سر 씨르룬
브로콜리 broccoli	قرنبيط 까르나비-뚠	비상구 bi-sang-gu	مخرج الطوارئ 마크라즈 똬와-리
불가능합니다			غير ممكن 가이르 뭄킨
불가능합니다			مش ممكن 무쉬 뭄킨

82

한국어	아랍어	한국어	아랍어
비싼 / bi-ssan	غال / 갈-린	빌리다 / bil-ri-da	استعار / 이쓰타아-라
비서 / bi-seo	سكرتير / 씨크리티-룬	빗 / bit	فرشاة / 푸르샤-툰
비스켓 / biscuit	بسكويت / 비쓰쿠-트	빗자루 / bit-ja-ru	مكنسة / 미크나싸툰
비어있는 / bi-eo-it-neun	فارغ / 파-리군	빚 / bit	دين / 다이눈
비용이 들다 / bi-yong-i deul-da	كلف / 칼라파	빛 / bit	نور / 누-룬
비자 / visa	تأشيرة / 타으쉬-라툰	빛나는 / bit-na-neun	منير / 무니-룬
비타민 / Vitamin	فيتامين / 피-타-민-	빠른 / bba-reun	سريع / 싸리-운
비행사(남) / bi-haeng-sa	طيار / 따이야-룬	빨간색 / bbal-gan-saek	أحمر / 아흐마르
비행사(여) / bi-haeng-sa	طيارة / 따이야-라툰	빨리 / bbal-ri	بسرعة / 비쑤르아틴
비행기 / bi-hang-gi	طائرة / 따-이라툰	빨리 가세요	اذهب بسرعة / 이드합 비쑤르아
빌려주다 / bil-ryeo-juda	أعار / 아아-라	빵 / bbang	خبز / 쿠브준

ㅂ

빵집 bbang-jib	**مخبز** 마크바준	
빵다 bbat-da	**سحق** 싸하까	
뼈 bbeo	**عظمة** 아즈마툰	

이것은 너무 비싸요	**هذا غال جدا** 하다 갈-린 짇단
이것은 얼마의 비용이 듭니까?	**كم يكلف هذا؟** 캄 유칼리푸 하다-?
저는 비자를 가지고 있습니다	**عندي تأشيرة** 에인디- 타으쉬-라툰

사	أربعة	사고 나다	حدث
sa	아르바아툰	sago nada	하다싸
사각형	مربع	사과(과일)	تفاحة
sa-gak-kyeong	무랍바운	sa-gwa	툽파-하툰
사건	حدث	사과(사죄)	اعتذار
sa-geon	하다쑨	sa-gwa	이으티다-룬
사고	حادثة	사과하다	اعتذر
sa-go	하-디싸툰	sa-gwa-hada	이으타다라

당신(남)은 이것을 어디서 샀습니까? **من أين اشتريت هذا؟**
민 아이나 이슈타라이타 하다-?

당신(여)은 이것을 어디서 샀습니까? **من أين اشتريت هذا؟**
민 아이나 이슈타라이티 하다-?

나는 기념품을 사고 싶습니다 **أريد أن أشتري التذكار**
우리-두 안 아슈타리- 앗타즈카-르

당신(남)은 나를 사랑하나요? **هل تحبني؟**
할 투힙부니-?

나는 당신(여)을 사랑합니다 **أحبك**
우힙부키

당신(여)은 나를 사랑하나요? **هل تحبينني؟**
할 투힙비나니-?

책을 대여할 수 있나요? **هل أستطيع أن أستعير الكتب؟**
할 아쓰타뛰-우 안 아쓰타이-라 알쿠둡?

사다	اشترى
sa-da	이슈타라-

나는 산다	أشتري
	아슈타리-

나는 샀다	اشتريت
	이슈타라이투

사도	رسول
sa-do	라쑬-

사람	إنسان
sa-ram	인싸-눈

사랑	حب
sa-rang	훕분

사랑스러운	محبوب
sa-rang-seu-reo-un	마흐부-분

사랑하다	أحب
sa-rang-hada	아합바

사우디아라비아 왕국
Saudi Arabia

사우디아라비아 사람
Saudi Arabia sa-ram

사우디아라비아 수도(리야드)
Saudi Arabia su-do(Riyadh)

사립의	خاص
sa-rib-ui	캇-슌

사립학교	مدرسة خاصة
sa-rib-hak-gyo	마드라사툰 캇-쇠툰

사막	صحراء
sa-mak	사흐라

사망(서거)	وفاء
sa-mang	와파-운

사망하다	توفي
sa-mang-hada	툽-피-야

사무실	مكتب
sa-mu-sil	마크타분

사백	أربعمئة
sa-baek	아르바아미아

사분의 일	ربع
sa-bun-ui il	루브운

المملكة العربية السعودية
알마믈라카툴 아라비아툴 싸우-디야

سعودي
쑤우-디-윤

الرياض
아르리야-드

한국어	아랍어	한국어	아랍어
사슴 sa-seum	غزال 가잘-룬	사진관 sa-jin-gwan	مصور 무솨우위룬
사십 sa-sib	أربعون 아르바우-나	사진 찍다 sa-jin jjik-da	صور 쏴우와라
사업 sa-eob	أعمال 아으말-룬	사천 sa-cheon	أربعة آلاف 아르바아 알라-프
사용하다 sa-yong-hada	استخدم 이쓰타크다마	사촌(친가) sa-chon	ابن العم 이브눌 암미
사원(모스크) sa-won(mosque)	مسجد 마쓰지둔	사촌(외가) sa-chon	ابن الخال 이부눌 칼-리
사월 sa-wol	أبريل 아브릴-	사투리 sa-tu-ri	لهجة 라흐자툰
~사이 sai	بين 바이나	사회 sa-hoe	مجتمع 무즈타마운
사이즈 size	قياس 끼야-쑨	사회주의 sa-hoe-ju-ui	إشتراكية 이슈티라-키-야툰
사자 sa-ja	أسد 아싸둔	사파이어 sapphire	ياقوت أزرق 야-꾸-트 아즈라끄
사전 sa-jeon	قاموس 까무-쑨	산 san	جبل 자발룬
사진 sa-jin	صورة 쑤-라툰	산소 san-so	أكسجين 우크씨진

ㅅ

한국어	아랍어	한국어	아랍어
산업 san-eob	صناعة 시나-아툰	삶 sam	حياة 하야-툰
산책하다 san-chaek-hada	تمشى 타맛샤-	삶다 sam-da	سلق 쌀라까
살(가죽) sal	جلد 질둔	삶은(끓인) salmeun	مسلوق 마쓸루-꾼
살구 sal-gu	مشمش 미슈미슌	삶은 달걀 salmeun dal-gyal	بيض مسلوق 바이드 마쓸루-끄
살다 sal-da	سكن 싸카나	삼(3) sam	ثلاثة 쌀라-싸
살아있는 sal-a-it-neun	حي 하이-윤	삼각형 sam-gak-hyeong	مثلث 무쌀라쑨
살찐 sal-jjin	سمين 싸미-눈	삼백 sam-baek	ثلاثمئة 쌀라-싸미아

당신(남) 어디에 사십니까?
أين تسكن؟
아이나 타쓰쿠누?

당신(여) 어디에 사십니까?
أين تسكنين؟
아이나 타쓰쿠니-나?

저는 서울에 삽니다
أسكن في سيول
아쓰쿠누 피 씨-울

오래사세요
أطال الله عمرك
아딸-랄라후 우므라크

삼분의 일	ثلث
sam-bun-ui il	쑬쑨

삼십	ثلاثون
sam-sib	쌀라-쑨

삼십분	نصف
sam-sib-bun	니스푼

삼월	مارس
sam-wol	마-리쓰

삼천	ثلاثة آلاف
sam-cheon	쌀라-싸 알-라-프

삼촌(친가)	عم
sam-chon	암문

삼촌(외가)	خال
sam-chon	칼-룬

상(賞)	جائزة
sang	자-이자툰

상관있는	اعتباري
sang-gwan-it-neun	이으티바-리-윤

상냥한	أنيس
sang-nyang-han	아니-쑨

상담하다	استشار
sang-dam-hada	이쓰타샤-라

상상하다	تخيل
sang-sang-hada	타카이얄라

상업	تجارة
sang-eob	티자-라툰

상업 광고	إعلانات تجارية
sang-eob gwang-go	이을라-나-트 티자-라야

상인(남)	تاجر
sang-in	타-지룬

상인(여)	تاجرة
sang-in	타-지라툰

상점	محل
sang-jeom	마할룬

상자	صندوق
sang-ja	순두-꾼

상처	جرح
sang-cheo	주르훈

상처 나다	جرح
sang-cheo nada	자라하

상처 난	جارح
sang-cheo nan	자-리훈

상태	حال
sang-tae	할-룬

한국어	아랍어	한국어	아랍어
상품 sang-pum	بضاعة 비돠-아툰	새우 sae-u	جراد البحر 자라-둘 바흐르
상황(주위) sang-hwang	ظرف 좌르푼	새우다(밤을) sae-u-da	سهر 싸히라
샹들리에 chandelier	ثريا 쑤라이야	나는 밤을 새다	أسهر 아쓰하루
새 sae	طائر 따-이룬	새장 sae-jang	قفص 까파쑨
새기다(조각) sae-gi-da	نقش 나까샤	새해 sae-hae	سنة جديدة 싸나툰 자디-다
새끼 손가락 sae-ggi son-ga-rak	خنصر 킨솨룬	색깔 saek-ggal	لون 라우눈
새다(액체) sae-da	تسرب 타싸르라바	샐러드 salad	سلطة 쌀라따툰
새로운 sae-ro-un	جديد 자디-둔	생각 saeng-gak	فكرة 피크라툰
새벽 sae-byeok	فجر 파즈룬	생각하다 saeng-gak-hada	فكر 팍카라

매년 좋은 일만 있기를 바랍니다

كل عام وأنت بخير
쿠루 암 와 안타 비카이르

금년 내내 행복하시길 바랍니다

كل سنة وأنت طيب
쿠루 싸나 와 안타 따이입

나는 생각한다	أفكر 우팍키루	생일 saeng-il	عيد ميلاد 이-두 밀-라-드
나는 생각했다	فكرت 팍카르투	샤워 shower	دش 둣슌
생강 saeng-gang	زنجبيل 잔자빌-룬	샴푸 shampoo	شامبو 샴-부-
생기다(일이) saeng-gi-da	حدث 하다싸	서랍 seo-rab	جارور 자루-룬
생리(월경) saeng-ri	العادة الشهرية 알아-다툿 샤흐리-야	서류 seo-ryu	وثيق 와씨-꾼
생산하다 saeng-san-hada	أنتج 안타자	서명 seo-myeong	إمضاء 임돠-운
생선 saeng-seon	سمك 싸마쿤	서명하다 seo-myeong-hada	أمضى 암돠-

당신 또한   وأنت أيضا
                   와 안타 아이돤

좋은 생각입니다   فكرة جميلة
                   피크라툰 자밀-라

오늘이 제 생일입니다   اليوم عيد ميلادي
                   알야움 이-두 밀-라-디

무엇을 도와드릴까요?   أي خدمة؟
                   아이유 키드마?

한국어	아랍어	한국어	아랍어
서비스 / service	**خدمة** / 키드마툰	선물하다 / seon-mul-hada	**أهدى** / 아흐다-
서점 / seo-jeom	**مكتبة** / 마크타바툰	선생님(남) / seon-saeng-nim	**مدرس** / 무다르리쑨
서쪽 / seo-jjok	**غرب** / 가르분	선생님(여) / seon-saeng-nim	**مدرسة** / 무다르리싸툰
석류 / seok-ryu	**رمان** / 룸마눈	선수(남) / seon-su	**لاعب** / 라-이분
석유 / seok-yu	**نفط** / 나프뚠	선수(여) / seon-su	**لاعبة** / 라-이바툰
선 / seon	**خط** / 캍뚠	선풍기 / seon-pung-gi	**مروحة كهربائية** / 미르와하툰 카흐라바-이야
선글라스 / sunglasses	**نظارة شمسية** / 나좌-라툰 샴씨야-	선호하는 / seon-ho-ha-neun	**مفضل** / 무팓돨룬
선물 / seon-mul	**هدية** / 하디-야툰	설명 / seol-myeong	**تفسير** / 타프씨-룬

좋아하는 색깔이 무엇입니까?

ما هو لونك المفضل؟
마- 후와 라우누크 알무팓될?

실례지만 설탕을 넣지말고 주세요

بدون سكر من فضلك
비둔- 쑥카르 민 파들릭

실례지만 설탕을 조금만 넣어주세요

مع سكر قليلا من فضلك
마아 쑥카르 깔릴-란 민 파들릭

한국어	아랍어	한국어	아랍어
설명하다 seol-myeong-hada	شرح 샤라하	성냥 seong-nyang	كبريت 키브리-툰
나는 설명한다	أشرح 아슈라후	성명 seong-myeong	اسم 이쓰문
설탕 seol-tang	سكر 쑥카룬	성서(구약) seong-seo	التوراة 앗타우라-투
설사 seol-sa	إسهال 이쓰할-룬	성서(신약) seong-seo	الإنجيل 알인질-루
성(性) seong	جنس 진쑨	성서(꾸란) seong-seo	القرآن 알꾸르아-누
성(이름) seong	لقب 라까분	성숙한 seong-suk-han	يافع 야-피운
성격 seong-gyeok	شخصية 샤크쇠-야툰	성적 seong-jeok	نتيجة 나티-자툰
성공 seong-gong	نجاح 나자-훈	성적표 seong-jeok-pyo	كشف درجات 카슈프 다라자-트
성공하다 seong-gong-hada	نجح 나자하	성지순례 seong-ji-sun-rye	حج 핫준
나는 성공한다	أنجح 안자후	성탄절 seong-tan-jeol	عيد الميلاد 이-둘 밀라-드
나는 성공했다	نجحت 나자흐투	세관 se-gwan	جمرك 주므라쿤

93

한국어	아랍어	한국어	아랍어
세금 se-geum	ضريبة 돠리-바툰	세탁물 se-tak-mul	غسيل 가씰-룬
세계 se-gye	عالم 알-라문	세탁하다 se-tak-hada	غسل 가쌀라
세기 se-gi	قرن 까르눈	소 so	بقر 바까룬
세놓다 se-not-da	استأجر 이쓰타으자라	소가죽 so-ga-juk	جلد بقرة 질두 바까라
세놓음 senoeum	إجار 이-자-룬	소개 so-gae	تقديم 타끄디-문
세면대 se-myeon-dae	مغسلة 마그쌀라툰	소개하다 so-gae-hada	قدم 깓다마
세상 se-sang	دنيا 둔야-	소고기 so-go-gi	لحم البقر 라흐물 바까르
세탁기 se-tak-gi	غسالة 갓쌀-라툰	소금 so-geum	ملح 밀훈

제 소개를 하겠습니다	أقدم لكم نفسي 우깐디무 라쿰 나프씨-
제 가족 소개를 하겠습니다	أقدم لكم أسرتي 우깐디무 라쿰 우쓰라티-
이 소포를 보내고 싶습니다	أريد إرسال هذا الطرد 우리-두 이르쌀- 하닷 똬르드

소년 so-nyeon	ولد 왈라둔
소다 soda	صودا 수다-
소리 so-ri	صوت 쏴우툰
소말리야 Somalia	الصومال 앗수말-
소말리야 사람 Somalia sa-ram	صومالي 수말리-윤
소말리야 수도(모가디슈) Somalia su-do(Mogadishu)	مقديشو 무까디-슈
소매 so-mae	كم 쿠문
소매치기 so-mae-chi-gi	سارق 싸-리꾼
소비자 so-bi-ja	مستهلك 무쓰타흘리쿤
소비하다 so-bi-hada	استهلك 이쓰타흘리카
소설 so-seol	رواية 리와-야툰
소설가 so-seol-ga	مؤلف روايات 무알리푸 리와-야-트
소스 sauce	صلصة 쏼솨툰
소식 so-sik	خبر 카바룬
소파 sofa	أريكة 아리-카툰
소포 so-po	طرد 똬르둔
소풍 so-pung	رحلة 리흘라툰
소화(음식) so-hwa	هضم 하드문
소화기 so-hwa-gi	مطفئة 무뜨피아툰
소화 불량 so-hwa bul-ryang	سوء الهضم 쑤-울 하듬
소화하다 so-hwa-hada	هضم 하돠마

속담	حكمة	손자	حفيد
sok-dam	히크마툰	son-ja	하피-둔

속달 우편	خطاب مستعجل	손톱	ظفر
sok-dal u-pyeon	키따-분 무쓰타으질	son-tob	주프룬

속력	سرعة	손해	خسارة
sok-ryeok	쑤르아툰	son-hae	키싸-라툰

속옷	ملابس داخلية	손해보다	خسر
sok-ot	말라-비쓰 다-킬리-야	son-hae-boda	카씨라

속임수	غش	솔직히	بصراحة
sok-im-su	깃슌	sol-jik-hi	비솨라-하

속이다	غش	솜	قطن
sok-i-da	갓샤	som	꾸뜨눈

손	يد	쇼핑	تسوق
son	야둔	shopping	타싸우우꾼

손가락	أصبع	수건	فوطة
son-ga-rak	아스바운	su-geon	푸-따툰

손녀	حفيدة	수단	سودان
son-nyeo	하피-다툰	Sudan	쑤-단-

손님	ضيف	수단 사람	سوداني
son-nim	돠이푼	Sudan sa-ram	쑤-다니-윤

손바닥	كف	수단 수도(카르툼)	الخرطوم
son-ba-dak	캎푼	Sudan su-do(Khartoum)	알카르뚬-

한국어	아랍어	한국어	아랍어
수영 su-yeong	سباحة 씨바-하툰	수도꼭지 su-do-ggok-ji	حنفية 하나피-야툰
수영장 su-yeong-jang	حوض سباحة 하우드 씨바-하	수도 su-do	عاصمة 아-시마툰
수영하다 su-yeong-hada	سبح 싸바하	수레 su-re	مركبة 마르카바툰
나는 수영한다	أسبح 아쓰바후	수리 su-ri	تصليح 타슬리-훈
수요일 su-ryo-il	يوم الأربعاء 야우물 아르비아-	수리하다 su-ri-hada	صلح 솰라하
수의 su-ui	كفن 카파눈	수박 su-bak	بطيخ 바띠-쿤
수입업자 su-ib-eob-ja	مستورد 무쓰타우리둔	수수께끼 su-su-gge-ggi	لغز 루그준
수입품 su-ib-pum	مستوردة 무쓰타우라다툰	수술 su-sul	عملية 아말리-야툰
수입하다 su-ib-hada	استورد 이쓰타우라다	수신자 su-sin-ja	المرسل إليه 알무르쌀루 일라이히
나는 수입한다	أستورد 아쓰타우리두	수에즈 운하 Suez un-ha	قناة السويس 까나-툿 쑤와이쓰
나는 수입했다	استوردت 이쓰타우라드투	수염 su-yeom	لحية 라히야툰

한국어	아랍어	한국어	아랍어
수저 su-jeo	ملعقة 밀아까툰	수화기 su-hwa-gi	سماعة 쌈마-아툰
수족관 su-jok-gwan	حوض السمك 하우둣 싸마크	수화물 su-hwa-mul	أمتعة 암티아툰
수출 su-chul	تصدير 타스디-루운	수확하다 su-hwak-hada	حصد 하솨다
수출업자 su-chul-eob-ja	مصدر 무솼디룬	숙모 suk-mo	خالة 암마툰
수출하다 su-chul-hada	صدر 솰다라	숙부 suk-bu	خال 암문
나는 수출한다	أصدر 우솰디루	숟가락 sut-ga-rak	ملعقة 밀아까툰
수치스러운 su-chi-seu-reo-un	خجل 무크질룬	술 sul	خمر 카므룬
수프 soup	شربة 슈르바툰	술 취한 sul chwi-han	سكران 싸크라-누
수표 su-pyo	شيك 쉬-쿤	숨기는 sum-gi-neun	خاف 카-핀
수학 su-hak	العلوم الرياضية 알울루-물 리야-디-야	숨쉬다 sum-shi-da	تنفس 타낲파싸
수취인 성함이 어떻게 되지요?		ما اسم المرسل إليه؟ 마쓰물 무르쌀 일라이히?	

한국어	아랍어	한국어	아랍어
숫자 / sut-ja	عدد / 아다둔	스페인 사람 / Spain sa-ram	إسباني / 이쓰바-니-윤
숲 / sub	غابة / 가-바툰	스포츠 / sport	رياضة / 리야-돠툰
슈퍼마켓 / supermarket	سوق مركزية / 쑤-끄 마르카지-야	스핑크스 / Sphinx	أبو الهول / 아불- 하울
쉬다 / swi-da	استراح / 이쓰티라-하	슬리퍼 / slippers	نعال / 니알-룬
쉬운 / swi-un	سهل / 싸흘룬	슬픈 / seul-peun	حزين / 하지-눈
스위스 / Swiss	سويسرا / 쓰위-쓰라	습기 / seub-gi	رطوبة / 루뚜-바툰
스위트룸 / suite	جناح / 자나-훈	습관 / seub-gwan	عادة / 아-다툰
스웨터 / sweater	قميص صوفي / 까미-스 수-피-	승강기 / seung-gang-gi	مصعد / 미스아둔
스케줄 / schedule	جدول / 자드왈룬	승객 / seung-gaek	راكب / 라-키분
스파게티 / spaghetti	مكرونة / 마크루-나	승낙하다 / seung-nak-hada	حاضر / 하-돠라
스페인 / Spain	إسبانيا / 이쓰바-니야-	승리 / seung-ri	نصر / 나스룬

ㅅ

한국어	아랍어	발음	한국어	아랍어	발음
시금치	سبانخ	싸바-니쿤	승리하다	نصر	나쏴라
시대	عصر	아스룬	승무원(남)	مضيف	무뒤-푼
시도하다	حاول	하-왈라	승무원(여)	مضيفة	무뒤-파툰
시럽	قطر	까뜨룬	승인하다	اعترف	이으타라파
시리아	سوريا	쑤-리야	시(시간)	ساعة	싸-아툰
시리아 사람	سوري	쑤-리-윤	시(문학)	شعر	쉬으룬
시리아 수도(다마스커스)	دمشق	디마쉬끄	시간	وقت	와끄툰
시스템	نظام	니좌-문	시간표	جدول المواعيد	자드왈루 마와-이드
시아버지	حمو	하무-	시계	ساعة	싸-아툰
시어머니	حماة	하마-툰	시계바늘	عقرب	아끄라분
시외	خارج المدينة	카-리잘 마디-나	시골	ريف	리-푼

한국어	발음	아랍어	발음
시월	si-wol	اكتوير	욱투-비르
시장	si-jang	سوق	쑤-끈
시인(남)	si-in	شاعر	샤-이룬
시장(市長)	si-jang	رئيس البلدية	라이-쑬 발라디-야
시인(여)	si-in	شاعرة	샤-이라툰
시차	si-cha	فرق الوقت	파르끌 와끄티
시작	si-jak	بداية	비다-야툰
시청	si-cheong	بلدية	발라디-야툰
시작하다	si-jak-hada	بدأ	바다아
시큼한	si-keum-han	حامض	하-미둔
나는 시작한다		أبدأ	아브다우
시트(침대)	sheet	ملاية	말라-야툰

한시간 안에 돌아오도록 노력하겠습니다.

أحاول أن أعود منه في الساعة
우하-윌루 안 아우-다 민후 핏싸-아

하미디야 시장은 어디에 있습니까?

أين سوق الحميدية؟
아이나 쑤끄 알하미-디-야?

아침식사는 몇시 부터입니까?

متى يفتح المطعم لإفطار؟
마타- 유프타훌 마뜨암 리이프따-르?

식전에 인사말(잘먹겠습니다)

بسم الله
비쓰밀라

식후에 인사말(잘먹었습니다)

الحمد لله
알함두릴라

시험 si-heom	امتحان 임티하-눈	식전에 sik-jeon-e	قبل الأكل 까블라 알아클
시합 si-hab	مسابقة 무싸-바까툰	식초 sik-cho	خل 칼룬
식당 sik-dang	مطعم 마뜨아무	식후에 sik-hu-e	بعد الأكل 바으다 알아클
식료품가게 sik-ryo-pum ga-ge	بقالة 비깔-라툰	식욕 sik-yok	شهية إلى الأكل 샤히-야 일랄 아클
식물 sik-mul	نبات 나바-툰	식초 sik-cho	خل 칼
식민지 sik-min-ji	مستعمرة 무쓰타으마라툰	식품 sik-pum	غداء 기다-운

식전에 약을 복용하나요? هل أتناول هذا الدواء قبل الأكل؟
할 아타나-왈루 하닷 다와- 까블랄 아클?

식후에 약을 복용하나요? هل أتناول هذا الدواء بعد الأكل؟
할 아타나-왈루 하닷 다와- 바으달 아클?

신부가 너무 아름답습니다 أنت زي القمر
안티 자이 까마르

신랑 축하합니다 ألف مبروك يا عريس
알프 마브룩 야 아리-쓰

신부 축하합니다 ألف مبروك يا عروس
알프 마브룩 야 아루-쓰

신부	عروس
sin-bu	아루-쑨

신분증	بطاقة هوية
sin-bun-jeung	비따-까툰 후위-야

신생아	مولود
sin-saeng-a	마울루-둔

신선한	طازج
sin-seon-han	따-지쥰

신속하게	بسرعة
sin-sok-hage	비쑤르아틴

신용카드	بطاقة الائتمان
sin-yung-card	비따-까툴 이으티만

신입생	خاب جديد
sin-ib-saeng	딸-립 자디-드

신자	مؤمن
sin-ja	무으미눈

신전	معبد
sin-jeon	마으바둔

신경	عصب
sin-gyeong	아사분

신고하다	أبلغ
sin-go-hada	아블라가

신기록	رقم قياسي جديد
sin-gi-rok	라끄무 끼야-씨- 자디-드

신다(입다)	لبس
sin-da	라비싸

나는 신는다	ألبس
	알바쑤

신랑	عريس
sin-rang	아리-쑨

신문	جريدة
sin-mun	자리-다툰

신맛	حامض
sin-mat	하-미둔

신발	حذاء
sin-bal	히다-운

신사 숙녀 여러분!

سادة وسيدات
싸-다툰 와 싸이-다-툰

신용카드로 계산 할 수 있습니까?

ممكن أن أدفع ببطاقة الائتمان؟
뭄킨 안 아드파아 비비따-까틸 이으티만?

한국어	아랍어	한국어	아랍어
싣다 shit-da	حمل 하말라	룩소르 신전 Luxor sin-jeon	معبد الأقصر 마으바드 우끄수르
실 sil	خيط 카이뚠	카르낙 신전 Karnak sin-jeon	معبد الكرنك 마으바드 카르낙
실수 sil-su	خطأ 카따운	신청 sin-cheong	طلب 딸라분
실수하다 sil-su-hada	أخطأ 아크따아	신청하다 sin-cheong-hada	طلب 딸라바
실업 sil-eob	بطالة 바딸-라툰	신호 sin-ho	إشارة 이샤-라툰
실패하다 sil-pae-hada	فشل 파샬라	신혼부부 sin-hon-bubu	عروسان 아루-싼-
실험 sil-heom	اختبار 이크티바-룬	신혼 sin-hon	شهر العسل 샤흐룰 아쌀

신혼 인가요?

هل أنت في شهل شهر؟
할 안타 피 샤흐릴 아쌀?

나는 권태기입니다

أنا في شهر البصل
아나- 피 샤흐릴 바쌀

실례하겠습니다

لو سمحت
라우 싸마흐트

실례지만 자기 소개 좀 부탁드립니다

لو سمحت، يمكن أن تقدم نفسك لنا
라우 싸마흐트 윰키누 안 투깟디마 나프씨카 라나-

실험실	مختبر	십이	اثنا عشر
sil-heom-sil	무크타바룬	sib-i	이쓰나 아샤라

실험하다	اخترب	십삼	ثلاثة عشر
sil-heom-hada	이크타바라	sib-sam	쌀라-싸 아샤라

싫어하다	كره	십사	أربعة عشر
sil-eo-hada	카리하	sib-sa	아르바아 아샤라

나는 싫어한다	أكره	십오	خمسة عشر
	아크라후	sib-o	깜싸 아샤라

나는 싫어했다	كرهت	십육	ستة عشر
	카라흐투	sib-yuk	씰타 아샤라

심리치료	العلاج النفسي	십칠	سبعة عشر
sim-li-chi-ryo	알일라-준 나프씨-	sib-chil	싸브아 아샤라

심술궂은	لئيم	십팔	ثمانية عشر
sim-sul-gut-eun	라이-문	sib-pal	싸마-니야 아샤라

심장	قلب	십구	تسعة عشر
sim-jang	깔분	sib-gu	티쓰아 아샤라

십	عشرة	11월	نوفمبر
sib	아샤라툰	sib-il-wol	누-밤비르

십일	إحدى عشر	십억	بليون
sib-il	이흐다 아샤라	sib-eok	빌리윤

싱글룸 있습니까?   هل عندك غرفة بسرير مفرد؟
할 인다카 구르파툰 비싸리-르 무프라드?

한국어	아랍어	한국어	아랍어
12월 / sib-i-wol	ديسمبر / 디-쌈비르	나는 쓴다	أكتب / 아크투부
십자가 / sib-ja-ga	صليب / 쏼리-분	나는 썼다	كتبت / 카탑투
싱거운 / sing-geo-un	غير مالح / 가이르 말-리흐	쓰세요	اكتب / 우크툽
싱글 베드 / single-bed	سرير مفرد / 싸리-룬 무프라드	쓴(맛) / sseun	مر / 무르룬
싱싱한 / sing-sing-han	طازج / 따-지준	쓰레기 / sseu-rae-gi	قمامة / 꾸마-마툰
싸움 / ssa-um	صراع / 쇠라-운	쓰레기통 / sseu-rae-gi-tong	سلة المهملات / 쌀라툴 무흐말라-트
쌀 / ssal	أرز / 우르준	쓸다 / sseol-da	كنس / 카나싸
쌍방향의 / ssang-bang-hyang-ui	كلاهما / 킬라-후마-	~씨, 선생님, Mr / ~ssi	السيد / 앗싸이-드
쌓다(축적) / ssat-ta	جمع / 잠마아	씻다 / ssit-da	غسل / 가쌀라
쌓이다 / ssaida	تراكم / 타라-카마		
쓰다(글을) / sseu-da	كتب / 카타바		

~이 아니다	**ليس** 라이싸	~아,야,씨,님(호칭할 때) ~a,ya,ssi,nim	**يا** 야-
~이 아닌	**غير** 가이루	무함마드씨	**يا محمد** 야- 무함마드
아들 a-deul	**ابن** 이브눈	김선생님	**يا سيد كيم** 야- 싸이드 킴
아랍어 arab-eo	**اللغة العربية** 알루가툴 아라비야-투	아나운서(남) announcer	**مذيع** 무디-운
아랍연맹 arab-yeon-maeng	**جامعة الدول العربية** 자-미아투 두왈릴 아라비-야	아나운서(여) announcer	**مذيعة** 무디-아툰
아랍에미레이트 Arab Emirates	**الإمارات** 알이마-라-트	아내 a-nae	**زوجة** 자우자툰
아랍 음식 Arab eum-sik	**طعام عربي** 따암- 아라비-	아니오(부정의 대답) a-ni-o	**لا** 라-

호텔이 좋지 않습니다   **الفندق ليس جيدا**
알푼두끄 라이싸 제이-단

이것이 아닙니다   **ليس هذا**
라이싸 하다-

아랍 음식 훌륭합니다   **الأكل العربي ممتاز**
알아클룰 아라비- 뭄타-준

아랍 음식이 마음에 듭니다   **يعجبني الطعام العربي**
유으지부니- 앗따아-물 아라비-

아랍 사람	عربي	아시아	البلدان الآساوية
Arab sa-ram	아라비-윤	Asia	알불다-눌 아-싸-위-야

아래	تحت	아스피린	أسبرين
a-rae	타흐타	aspirin	아쓰비린-

아름다운	جميل	아잔	الأذان
a-reum-da-un	자밀-룬	Adhan	알아잔-

아마도	ربما	아치(건축)	قوس
a-ma-do	룹바마	arch	까우쑨

아몬드	لوز	아침	صباح
almond	라우준	a-chim	쏴바-훈

아버지	والد	아침식사	فطور
a-beo-ji	왈-리둔	a-chim-sik-sa	푸뚜-룬

아빠	أب	아파트	شقة
a-bba	아분	a-pa-t	샥까툰

아파트에 방이 몇 개 있습니까?

كم غرفة في الشقة؟

캄 구르파탄 핏 샥까?

아파트 몇 층에 있습니까?

في أي دور الشقة؟

피 아이- 다우릿 샥까?

아파트를 보고 싶습니다

أريد مشاهدة الشقة

우리-두 무샤-하다탓 샥까

이 아파트가 마음에 듭니다

تعجبني هذه الشقة

투으지부니- 하디힛 샥까

아프가니스탄	أفغانستان	아홉	تسعة
Afghanistan	아프가-니쓰탄-	a-hob	티쓰아

아프리카	إفريقيا	악기	آلة موسيقية
Africa	이프리-끼야-	ac-gi	알-라툰 무-씨끼야-

IT(information technology)	معلوماتية	악마	شيطان
	마을루마티-야툰	ac-ma	샤이딴

아픈	مريض	악센트	لكنة
a-peun	마리-둔	accent	루크나툰

아프다	ألم	악수	مصافحة
a-peu-da	알-라마	ac-su	무쏴-피하툰

「하루 다섯 차례 정해진 시간에 사원의 미나라에서 예배 시간을 알리는 '아잔[Adhan]'이 온 아랍 세상에 울려퍼집니다.」 الله أكبر

알라후 아크바르 (4번: 하나님은 가장 위대합니다)

أشهد الا إله إلا الله

아쉬하두 안 라 일라하 일랄라 (2번: 하나님 외에 어떤 신도 존재하지 않습니다)

أشهد أن محمدا رسول الله

아쉬하두 안라 무함마단 라수룰라 (2번: 무함마드는 하나님의 사도입니다) حي على الصلاة

좋은 아침입니다(아침인사) صباح الخير

쏴바-훌 카이르

빛나는 아침입니다(대답) صباح النور

쏴바-훈 누르

악어	تمساح
ac-eo	팀싸-훈

안내소	مكتب الاستعلامات
an-nae-so	마크타불 이쓰티올라마-트

안경	نظارة
an-gyeong	낮좌-라툰

안내 데스크	استقبال
an-nae-desk	이쓰티끄발-룬

안내	استعلامات
an-nae	이쓰티올라-마-툰

안내하다	دل
an-nae-hada	달라

저(남)는 무척 아픕니다

أنا مريض جدا
아나- 마리-둔 짇단

저(여)는 무척 아픕니다

أنا مريضة جدا
아나- 마리-다툰 짇단

배가 너무 아픕니다

بطني يؤلمني كثيرا
바뜨니- 유을리무니- 카씨-란

안녕하세요
an-nyeong-ha-se-yo

مرحبا
마르하반

안녕하세요(대답)

مرحبا
마르하반

안녕하세요

السلام عليكم
앗쌀라-무 알라이쿰

안녕하세요(대답)

وعليكم السلام
와 알라이쿠뭇 쌀람-

안녕히 계세요
an-nyeong-hi-gye-se-yo

مع السلامة
마앗 쌀라-마

안락한 an-rak-han	مرتاح 무르타-훈	안전한 an-jeon-han	سالم 쌀-리문
안에 ane	داخل 다-킬라	앉다 andda	جلس 잘라싸
안전벨트 an-jeon belt	حزام الأمان 히자-물 아만-	나는 앉는다	أجلس 아줄리쑤

안녕히 가세요(대답)
an-nyeong-hi-ga-se-yo

مع السلامة
마앗 쌀라-마

안녕히 계세요

في أمان الله
피- 아마-닐라

또 만나요
ddo man-na-yo

إلى اللقاء
일랄 리까-

곧 다시 만나요
got dasi mannayo

إلى اللقاء قريبا
일랄 리까- 까리-반

안녕히 주무세요
an-nyeong-hi-ju-mu-se-yo

تصبح على خير
투스비후 알라 카이르

안녕히 주무세요(대답)

وأنت من أهله
와 안타 민 아홀리흐

안전벨트 하세요

اربط حزام الأمان
이르비뜨 히자-말 아만-

여기 앉아 편히 쉬세요

اجلس واستريح
이즐리쓰 와 쓰타리-흐

나는 앉았다	**جلست** 잘라쓰투	알루미늄 aluminium	**ألمنيوم** 알리미니윰-
앉으세요	**تفضل بالجلوس** 타판달 빌줄루-쓰	알제리 Algeria	**الجزائر** 알자자-이르
알다 al-da	**عرف** 아라파	알제리 사람 Algeria sa-ram	**جزائري** 알자자-이리-윤
나는 안다 	**أعرف** 아으리푸	알제리 수도(알제) Algeria su-do(Algier)	**الجزائر** 알자자-이르
나는 알았다	**عرفت** 아라프투	알자지라 방송 Aljazera bang-song	**الجزيرة** 알자지-라
알라(하나님) Allah	**الله** 알라	알코올 alcohol	**كحول** 쿠훌-
알람 alarm	**منبه** 무납비훈	알파벳 alphabet	**الحروف الأبجدية** 알후루-풀 아브자디-야
알려진 al-ryeo-jin	**معروف** 마으루-푼	암(병) am	**سرطان** 싸르따-눈
알리다 al-ri-da	**أعلم** 아을라마	암기하다 am-gi-hada	**حافظ** 하-파좌
알라(하나님) 덕분에			**الحمد لله** 알 함두릴라
알라(하나님)가 원하신다면			**إن شاء الله** 인샤알라

암컷 am-keot	مؤنث 무안나쑨	액체 ac-che	سائل 싸-일룬
앞에 ape	أمام 아마-마	야생동물 ya-saeng-dong-mul	حيوان متوحش 하야와-눈 무타와힛쉬
당신(남) 앞에	أمامك 아마-마카	야생적인 ya-saeng-jeok-in	وحشي 와흐쉬-윤
당신(여) 앞에	أمامك 아마-마키	야채 ya-chae	خضر 쿠돠룬
애인(남자친구) ae-in	حبيب 하비-분	약 yak	دواء 다와-운
애인(여자친구) ae-in	حبيبة 하비-바툰	약간만 yak-gan-man	قليلا 깔릴-란

식후에 복용하나요?   **قبل الأكل؟**
까블라 알아클?

식전에 복용하나요?   **بعد الأكل؟**
바으다 알아클?

식중에 복용하나요?   **مع الأكل؟**
마아 알아클?

하루에 몇 번 복용하나요?   **كم مرة في اليوم؟**
캄 마르라 필야움?

가장 가까운 약국은 어디에 있습니까?   **أين أقرب صيدلية؟**
아이나 아끄라부 쇠이달리야-?

한국어	아랍어	발음		한국어	아랍어	발음
약국	صيدلية	쏘이달리야툰		나는 약속했다	وعدت	와아드투
약속	موعد	마우이둔		약한	ضعيف	돠이-푼
약속하다	وعد	와아다		약혼	خطبة	키뜨바툰
나는 약속한다	أعد	아이두		약혼녀	خطية	카띠-바툰

여기서 가까운 버스 정류장이 있습니까?

هل يوجد موقف حافلة قريب من هنا؟
할 유-자두 마우끼프 하-필라 까리-분 민 후나-?

저는 오늘 약속이 있어요

عندي موعد اليوم
에인디 마우이드 알야움

이분은 당신 애인 입니까?

هل هذا حبيبك؟
할 하다- 하비-부카?

이 사람은 제 애인입니다

هذا حبيبي
하다- 하비-비-

그녀는 당신 애인 입니까?

هل هي حبيبتك؟
할 히야 하비-바투카?

그녀는 제 애인입니다

هي حبيبتي
히야 하비-바티-

언제 약을 복용하나요?

متى أتناول هذا الدواء؟
마타- 아타나-왈루 하닷 다와-?

얌전한 yam-jeon-han	وديع 와디-운	양념 yang-nyeom	توابل 타와-빌룬
~양, Miss ~yang	الآنسة 알아-니싸투	양말 yang-mal	جوارب 자와-리분
양(量) yang	مقدار 미끄다-룬	양배추 yang-bae-chu	ملفوف 말푸-푼
양(동물) yang	خروف 카루-푼	양복 yang-bok	بذلة 바들라툰
양고기 yang-go-gi	لحم الخروف 라흐물 카루-프	양복점 yang-bok-jeom	خياط 카이야-뚠
양날개 yang-nal-gae	جناحان 지나-하니	양식 yang-sik	طعام غربي 따암 가르비-

나는 매일 양치질을 합니다
أغرغر كل يوم
우가르기루 쿨라 야움

어떻게 지내세요?
كيف الحال؟
케이파 알할-루?

잘 지냅니다, 하나님 덕분입니다
أنا بخير والحمد الله
아나- 비카이르, 왈함두릴라

하나님 덕분에 잘 지냅니다
الحمد الله
알함두릴라

나는 그럭저럭 잘 지냅니다
أنا على ما يرام
아나- 알라- 마 유람-

양육하다 yang-yuk-hada	رب 랍바	어린아이 eo-rin-a-i	طفل 뛰플룬
양치질하다 yang-chi-jil-hada	غرغر 가르가라	어려운 eo-ryeo-un	صعب 쏴으분
양파 yang-pa	بصل 바쌀룬	어른 eo-reun	راشد 라-쉬둔
어깨 eo-ggae	كتف 카티푼	어르신 eo-reu-sin	شيخ 샤이쿤
어느것 eo-neu-geot	أي 아이유	어머나! eo-meo-na	يا سلام! 야- 쌀람-
어두운 eo-du-un	غامق 가미꾼	어머니 eo-meo-ni	والدة 왈-리다툰
어두운 색 eo-du-un-saek	لون غامق 라운 가미끄	엄마 eom-ma	أم 움문
어떻게 eo-tteok-gye	كيف 케이파	어제 eo-je	البارحة 알바-리하투
어디든지 eo-di-deun-ji	في أي مكان 피- 아이- 마칸-	어쨌든지 eo-jjaet-deun-ji	على كل حال 알라- 쿨리 할-
어디? eo-di	أين؟ 아이나	언니 eon-ni	أخت 우크툰
어디로? eo-di-ro	إلى أين؟ 일라- 아이나	언덕 eon-deok	ربوة 루브와툰

한국어	한글 발음	아랍어	아랍어 발음
언제?	eon-je	متى؟	마타-
언어	eon-eo	لغة	루가툰
얻다	eot-da	حصل على	하쌀라 알라-
얼굴	eol-gul	وجه	와즈훈
얼마(나)?	eol-ma-(na)	كم؟	캄
없다	eob-da	لا يوجد	라 유-자두
~에(at)	e	عند	에인다
~에게(to)	e-ge	ل	리
~에서(in)	e-seo	في	피-
엑스레이	X-ray	شعاع	슈아-운

이 책은 얼마 인가요?

كم ثمن هذا الكتاب؟
캄 싸마누 하달 키탑-?

이거 얼마에요?

بكم هذا؟
비캄 하다-?

당신(남)은 여기서 얼마동안 사셨습니까?

كم عشت هنا؟
캄 이슈타 후나-?

당신(남)은 다마스커스에서 얼마동안 계실겁니까?

كم يوما ستبقى في دمشق؟
캄 야우만 싸타브까- 피 디마슈끄?

5일 정도 머물 예정입니다

سأبقى لمدة عشرة أيام
싸아브까- 리묻다 아샤라 아이얌-

여기서 카이로까지 얼마나 먼가요?

كم تبعد القاهرة؟
캄 타브우두 알까-히라?

엔진	محرك	여름방학	العطلة الصيفية
engine	무하르리쿤	yeo-reum bang-hak	알우뜰라툿 쇼이파-야

엘리베이터	مصعد	여보세요(통화)	ألو
elevator	미스아둔	yeo-bo-se-yo	알루-

여기	هنا	~여사,Mrs	السيدة
yeo-gi	후나	~yeo-sa	앗싸이-다투

여기에 있습니다	هذا هو	여우	ثعلب
	하다- 후와	yeo-u	싸을라분

여권	جواز السفر	여왕	ملكة
yeo-gweon	자와-줏 싸파리	yeo-wang	말리카툰

여동생	أخت	여자	مرأة
yeo-dong-saeng	우크툰	yeo-ja	마르아툰

여름	الصيف	여행	سفر
yeo-reum	앗쏴이푸	yeo-haeng	싸파룬

이 곳의 여름 날씨는 어떤가요?	كيف الجو هنا في الصيف؟
	케이파 알자우우 후나 핏쏴이프?

여름에는 무척 덥습니다	الصيف هنا حار جدا
	앗쏴이푸 후나- 하르룬 짇단

저는 리야드로 여행갑니다	أسافر إلى الرياض
	우싸-피루 일라- 아르리야-드

저는 아부다비를 여행했습니다	سافرت إلى أبوظبي
	싸-파르투 일라- 아부-돠비-

여행객 yeo-haeng-gaek	مسافر 무싸-피룬	연습 yeon-seub	تمرين 탐므리-눈
여행 경비 yeo-haeng gyeong-bi	أجرة السفر 우즈라툿 싸파르	연어 yeon-eo	سلمون 쌀문-
여행사 yeo-haeng-sa	مكتب السياحة 마크타붓 씨야-하	연장하다(늘이다) yeon-jang-hada	مد 맏다
여행하다 yeo-haeng-hada	سافر إلى 싸-파라 일라	연필 yeon-pil	قلم 깔라문
역사(날짜) yeok-sa	تاريخ 타-리-쿤	연한(색) yeon-han(seak)	فاتح 파-티훈
역시 yeok-si	أيضا 아이돤	열(10) yeol	عشرة 아샤라툰
연기 yeon-gi	إرجاء 이르자-운	열 yeol	حرارة 하라-라툰
연기하다(미루다) yeon-gi-hada	أرجأ 아르자아	열다 yeol-da	فتح 파타하
연기(극)하다 yeon-gi-hada	مثل 맛쌀라	열량(칼로리) yeol-ryang	كالوري 칼루리
연결하다 yeon-gyeol-hada	ربط 라바따	열린 yeol-rin	مفتوح 마프투-훈
연못 yeon-mot	بركة 비르카툰	열매 yeol-mae	ثمار 씨마-룬

한국어	아랍어	발음		한국어	아랍어	발음
열쇠	مفتاح	미프타-훈		영사관	قنصلية	꾼술리-야툰
염증	التهاب	알티하-부		영수증	فاتورة	파투-라툰
영	صفر	시프루ㄴ		영어	إنجليزي	인글리-지-
영국	بريطانيا	브리따니-야		영원히	إلى الأبد	일라 알아바드
영국 사람	بريطاني	브리따니-윤		영양	تغذية	타그디-야툰
영리한	ذكي	다키-윤		영화	فيلم	필-문
영사	قنصل	꾼술룬		영화관	سينما	씨-나마-

영주증 주세요

الفاتورة من فضلك
알파-투-라 민 파들릭

영어 하십니까?

هل تتكلم اللغة الإنجليزية؟
할 타타칼라무 알루가툴 인글리-지야?

못합니다

لا أستطيع
라- 아쓰타띠-우

영자신문이 있습니까?

هل هنا جريدة باللغة الإنجليزية؟
할 후나 자리-다 빌루가틸 인글리-지-야?

한국어	아랍어	한국어	아랍어
옆에 yeope	بجانب 비자-닙	예금계좌 ye-geum gye-jwa	حساب مصرفي 하싸-분 마스리파-
에어컨 air-con	تكييف هواء 타크이-푼 하와-	예금하다 ye-geum-hada	ودع 와다아
예(네) ye(ne)	نعم 나암	나는 예금한다	أدع 아다우
예, 그래요	أيوه 아이와	예멘 Yemen	اليمن 알야만
예, 알겠습니다	ماش 마-쉬	예멘 사람 Yemen sa-ram	يمني 야마니-윤
예금 ye-geum	إيداع 이다-운	예멘 수도(사나) Yemen su-do(Sana)	صنعاء 솬아

당신은 어떤 영화를 좋아하세요?   أي فيلم تحب؟
아이야 필-민 투힙부?

(Tip 아랍에서는 하루에 다섯 번 예배를 드립니다. 일상 속에 신앙생활이 고스란히 스며 있는 그들에게 예배는 믿는 자로 하여금 하나님과 끊임없이 접촉하며 진실에 대한 믿음을 키워나가고, 일상의 여러 문제들을 올바르게 바라볼 수 있도록 끊임없이 성찰하는 태도를 의미합니다.)
매일 다섯 번의 예배는 다음과 같습니다.

(알파즈르) 새벽, 동트기 전	الفجر
(앗주흐르) 정오	الظهر
(알아스르) 오후 중반	العصر
(알마그립) 석양 무렵	المغرب
(알이샤) 저녁에서 늦은 밤까지	العشاء

예배	صلاة	예를 들어	مثلا
ye-bae	쏼라-툰	ye-reul deul-eo	마쌀란
예배보다	صلى	예술	فن
ye-bae-boda	쏼라	ye-sul	판눈

방을 예약하고 싶습니다 **أريد حجز غرفة**
우리-두 하즈자 구르파

비행기표를 예약하고 싶습니다 **أريد أن أحجز تذكرة الطائرة**
우리-두 안 아흐주자 타키라탓 따-이라

오늘은 무슨 요일입니까? **ما اليوم من الأسبوع؟**
마- 알야움 민날 우쓰부-으?

오늘은 월요일입니다 **اليوم هو يوم الاثنين**
알야움 후와 야우물 이쓰나인

화요일입니다 **يوم الثلاثاء**
야우뭇 술라-싸-

수요일입니다 **يوم الأربعاء**
야우물 아르비아-

목요일입니다 **يوم الخميس**
야우물 카미-쓰

금요일입니다 **يوم الجمعة**
야우물 주무아

토요일입니다 **يوم السبت**
야우뭇 쌉트

일요일입니다 **يوم الأحد**
야우물 아하드

예술가	فنان	예약하다	حجز
ye-sul-ga	판나눈	ye-yak-hada	하자자
예술적인	فَنِّي	예절	آداب
ye-sul-jeok-in	판니-윤	ye-jeol	아-다-분
예언자	نبي	오(5)	خمسة
ye-eon-ja	나비-윤	o	캄싸
예약	حجز	오늘	اليوم
ye-yak	하즈준	o-neul	알야우마

수요일에 카이로로 여행을 갑니다.

سأسافر إلى القاهرة يوم الأربعاء
싸우싸-피루 일랄 까-히라 야우말 아르비아-

오늘은 며칠입니까?

ما تاريخ اليوم؟
마 타-리-쿨 야움?

오늘은 4일입니다

اليوم الرابع
알 야움 아르라-비우

당신(남)은 언제 여기로 올겁니까?

متى ستجيء إلى هنا؟
마타- 싸타지-우 일라 후나-?

당신(여)은 언제 호텔로 왔습니까?

متى جئت إلى الفندق؟
마타- 지으티 일랄 푼두끄?

그는 오고 있습니까?

هل هو قادم؟
할 후와 까-디문?

그녀는 지금 오고 있습니다

هي قادمة الآن
히야 까-디마툰 알아-나

오다	جاء
o-da	자-아

오랫동안	مدة طويلة
o-raet-dong-an	문다툰 따윌-라

오렌지	برتقال
orange	부르투깔-룬

오렌지색	برتقالي
orange-saek	부르투깔-리

오렌지주스	عصير البرتقال
orange-juice	아씨-룰 부르투깔

오르다(해가)	طلع
o-reu-da	딸라아

오른쪽	يمين
o-reun-jjok	야미-눈

오른쪽으로 가세요.	على اليمين
	알라- 알야민

오리	بطة
o-ri	받따툰

오만	عمان
Oman	우만

오만 사람	عماني
Oman sa-ram	우마-니-윤

오만 수도(무스카트)	مسقط
Oman su-do(Muscat)	마쓰까뜨

오백	خمسمئة
o-baek	캄쑤미아

오분의 일	خمس
o-bun-ui-il	쿰쑨

오븐	فرن
oven	푸르눈

오빠	أخ
o-bba	아쿤

오십	خمسون
o-sib	캄쑨

오아시스	واحة
oasis	와-하툰

오염	تلوث
o-yeom	탈라우우쑨

오이	خيار
o-i	키야-룬

오월	مايو
o-wol	마유

오전에	قبل الظهر
o-jeon-e	까블랏 주흐르

한국어	아랍어	한국어	아랍어
올림픽 Olympic	الألعاب الأولومبية 알알아-불 울-룸-비야	오징어 o-jing-eo	أم الحبر 움물 히브르
옮기다 om-gi-da	نقل 나깔라	오천 o-cheon	خمسة آلاف 캄싸 알라-프
옳은 ol-eun	صحيح 쏴히-훈	오토바이 o-to-ba-i	دراجة نارية 다르라-자 나-리야
옷 ot	ملابس 말라-비쑨	오후에 o-hu-e	بعد الظهر 바으닷 주흐리
옷감 ot-gam	قماش 꾸마-슌	옥수수 ok-su-su	ذرة 두라툰
옷장 ot-jang	خزانة الملابس 키자-나툴 말라-비쓰	옥수수 가루 ok-su-su-garu	دقيق الذرة 다끼-꿋 두라
완전히 wan-jeon-hi	كاملا 카-밀란	온도 on-do	درجة الحرارة 다라자툴 하라-라
왕 wang	ملك 말리쿤	온수기 on-su-gi	سخان 싹카-눈
왕가의 계곡	وادي الملوك 와-디- 알물루-크	온화한 on-hwa-han	معتدل 무으타틸룬
왕복티켓 wang-bok ticket	تذكرة الذهاب والإياب 타즈카라툿 디합- 왈이야-브	올라가다 ol-la-gada	صعد 쏴아다
		올리브 olive	زيت 자이툰

왕비 wang-bi	ملكة 말리카툰	외무부 oe-mu-bu	وزارة الخارجية 위자-라툴 카-리지-야
왕실 wang-sil	القصر الملكي 알까스룰 말리키-	외부의 oe-bu-ui	خارج 카-리준
왕자 wang-ja	أمير 아미-룬	외투 oe-tu	معطف 미으따푼
왜? wae	لماذا؟ 리마-다	왼쪽 oen-jjok	يسار 야싸-룬
왜냐하면 wae-nya-ha-myeon	لأن 리안나	왼쪽으로 가세요 	على اليسار 알라 알야싸르
외과의사 oe-gwa-ui-sa	جراح 자라-훈	요구하다 yo-gu-hada	طلب 딸라바
외국의 oe-guk-ui(sa-ram)	أجنبي 아즈나비-윤	요금 yo-geum	أجرة 우즈라툰

왜 당신(남) 늦었나요?

لما أنت متأخر؟
리마 안타 무타악키룬?

왜 당신(여) 늦었나요?

لما أنت متأخرة؟
리마 안티 무타악키라?

요금이 얼마입니까?

كم الأجرة؟
카밀 우즈라?

요금이 얼마입니까?

كم فلوس؟
캄 풀루-쓰?

나는 요리했다	طبخت
	따바크투

욕실	حمام
yok-sil	함마-문

욕하다	شتم
yok-hada	샤타마

용서	اعتذار
young-seo	이으티자-룬

용서하다	اعتذر
young-seo-hada	이으타자라

용서하세요	سامحني
	싸-미흐니-

용서하세요	معذرة
	마으지라탄

우두(예배를 위한 세정)	عضو
u-du	우두-

요르단	الأردن
Jordan	알우르둔

요르단 사람	أردني
Jordan sa-ram	우르두니-

요르단 수도(암만)	عمان
Jordan su-do(Amman)	암만-

요리	طبخ
yo-ri	따바쿤

요리사(남)	طباخ
yo-ri-sa	땁바-쿤

요리사(여)	طباخة
yo-ri-sa	땁바-카툰

요리하다	طبخ
yo-ri-hada	따바카

나는 요리한다	أطبخ
	아뜨바쿠

욕실있는 방을 원합니다   **أريد حجرة فيها حمام**
우리두 후즈라 피-하- 함맘-

저의 용서를 받아주세요   **أرجو أن تقبل اعتذاري**
아루-주 안 타끄발라 이으티다-리-

우리는 한국에서 왔습니다   **نحن من كوريا**
나흐누 민 쿠-리야

한국어	아랍어	한국어	아랍어
우두를 하다 udu-reul-hada	توضأ 타왈돠아	우체통 u-chae-tong	صندوق البريد 순두-꿀 바리-드
우리는 u-ri-neun	نحن 나흐누	우편 u-pyeon	بريد 바리-둔
우리의 집	بيتنا 바이투나	우표 u-pyo	طابع 따-비운
우물 u-mul	بئر 비으룬	운동 un-dong	حركة 하라카툰
우산 u-san	مظلة 미좔라툰	운동장 un-dong-jang	ملعب 말아분
우연히 u-yeon-hi	بالصدفة 빗수드파	운명 un-myeong	قدر 까다룬
우유 u-yu	حليب 할리-분	운반하다 un-ban-hada	نقل 나깔라
우정 u-jeong	صداقة 쏴다-까툰	운송료 un-song-ryo	أجرة النقل 우즈라툰 나끌
우체국 u-chae-guk	مكتب البريد 마크타불 바리-드	운이 좋은 un-i cho-eun	محظوظ 마흐주-준
우체국 직원 u-chae-guk jik-won	موظف البريد 무왓자풀 바리-드	운전사 un-jeon-sa	سائق 싸-이꾼

남녀간의 우정은 없지요　　　　**لا صداقة بين الرجل والمرأة**
　　　　　　　　　　　　　　라- 쏴다-까 바이나 라줄 왈 마르아

128

한국어	아랍어		한국어	아랍어
운전 면허 un-jeon myeon-heo	رخصة القيادة 루크솨툴 끼야-다		원 won	دائرة 다-이라툰
운전하다 un-jeon-hada	ساق 싸-까		원피스 one-piece	فستان 푸쓰타-눈
울다 unl-da	بكى 바카-		원조하다 won-jo-hada	أعان 아아-나
움직이다 um-jik-i-da	حرك 하르라카		원하다 won-hada	أراد 아라-다
웃기는 ut-gi-neun	مضحك 무드히쿤		나는 원하다	أريد 우리-두
웃다 ut-da	ضحك 돠히카		나는 원하지 않는다	لا أريد 라- 우리-두
나는 웃는다	أضحك 아드하쿠		나는 원했다	أرادت 아라-드투
나는 웃었다	ضحكت 돠히크투		월급 wol-geub	راتب 라-티분
웃음 useum	ضحك 돠하쿤		월요일 wol-yo-il	يوم الاثنين 야우물 이쓰나인

당신(남)은 무엇을 원하십니까?
ماذا تريد؟
마-다 투리두?

나는 물을 사고 싶습니다
أريد أن أشتري الماء
우리-두 안 아슈타리- 알마-아

한국어	아랍어	한국어	아랍어
위기 wi-gi	أزمة 아즈마툰	위험한 wi-heom-han	خطير 카뛰-룬
위대한 wi-dae-han	عظيم 아쥐-문	윙크하다 wink-hada	غمز 가마자
위선자 wi-seon-ja	منافق 무나-피꾼	유니폼 uniform	زي 지-윤
위원 wi-won	مندوب 만두-분	유네스코 UNESCO	يونسكو 유-나쓰쿠-
~위에(on) wi-e	على 알라-	유리 yu-ri	زجاج 주자-준
~위에(above) wi-e	فوق 파우까	유리잔 yurichan	كأس 카으쑨
~위해서 wi-hae-seo	ل 리	유럽 Europe	أوربا 우룹바-
위치하다 wi-chi-hada	وقع 와까아	유럽 사람 Europe sa-ram	أوربي 우룹비-윤

당신(남)은 무엇을 원하십니까?

ماذا تريد؟
마-다- 투리두?

나는 물을 사고 싶습니다

أريد أن أشتري الماء
우리-두 안 아슈타리- 알마-아

월요일에서 금요일까지

من الاثنين إلى الجمعة
민날 이쓰나인 일랄 주므아

한국어	아랍어	한국어	아랍어
유명한 yu-myeong-han	مشهور 마슈후-룬	유행 yu-haeng	طراز 뛰라-준
유엔 UN	الأمم المتحدة 알우마밀 묻타히다	육(6) yuk	ستة 씯타
6월 yu-wol	يونيو 윤-유	육백 yuk-baek	ستمئة 씯투미아
유익한 yu-ik-han	مفيد 무피-둔	육십 yuk-sib	ستون 씯툰
유일한 yu-il-han	فريد 파리-둔	육군 yuk-gun	جيش 자이슌
유적(물) yu-jeok	أثر 아싸룬	육지 yuk-ji	بر 바르룬
유용한 yu-yong-han	نافع 나-피운	은 eun	فضة 필돠툰
유태인 yu-tae-in	يهودي 야후-디-윤	은색 eun-saek	فضي 필뒤-윤

은행은 어디에 있습니까? **أين البنك؟** 아이날 반크?

은행은 언제 문을 엽니까? **متى يفتح البنك؟** 마타- 유프타훌 반크?

어떤 음식을 드시겠습니까? **أي طعام تريد؟** 아이야 따아-민 투리두?

은반지	خاتم بالفضة	의사(남)	طبيب
eun-ban-ji	카-티문 빌핕돠트	ui-sa	따비-분
은행	بنك	의사(여)	طبيبة
eun-haeng	반크	ui-sa	따비-바툰
음료	مشروب	의심하다	شك
eum-ryo	마슈루-분	ui-sim-hada	샥카
음식	طعام	의자	كرسي
eum-sik	따아-문	ui-ja	쿠르씨-
음악	موسيقى	의회	مجلس النواب
eum-ak	무-씨-까	ui-hoe	마즐리쓰 안나왑
의견	فكرة	이(2)	اثنان
ui-gyeon	피크라툰	i	이쓰난
의미	معنى	이기다	فاز
ui-mi	마으나-	i-gi-da	파-자
의무	واجب	이기적인	أناني
ui-mu	와-지분	i-gi-jeok-in	아나-니-윤

이 단어의 의미가 무엇입니까?

ما معنى هذه الكلمة؟
마- 마으나- 하디힐 칼리마?

영어할 수 있는 의사 있습니까?

هل يوجد طبيب يتكلم الإنجليزية؟
할 유-자두 따빕- 야타칼라무 알인글리-지-야?

이둘 피트르 명절은 언제 입니까?

متى يكون عيد الفطر؟
마타- 야쿤 이-둘 피트르?

كان	~이었다	العراق	이라크
카나	i-eot-da	알이라-끄	Iraq

عيد الفطر 이-둘 피뜨르

(Tip '라마단' 한 달 동안의 단식을 종료하는 축제로 '라마단' 다음 달 첫 날 명절이 시작된다. 이둘 피트르를 위해 새옷을 마련하고 풍성한 음식을 준비하며 거리에 만나는 사람마다 '이두 무바라크' 이라는 표현으로 명절을 맞이한다.)

عيد الأضحى 이-둘 아드하

(Tip 이슬람력 12월 10일, 예언자 아브라함의 전통에 따라 짐승을 희생하여 제단에 바치는 축제 또는 성지순례의 축제라고 불리는 명절이 바로 이-둘 아드하 이다. '쿨 암 와 안툼 비 카이르' 라는 새해 인사를 주고 받는다.)

عراقي	이라크 사람		
이라-끼윤	Iraq sa-ram		
بغداد	이라크 수도(바그다드)		
바그다드	Iraq su-do(Bagdad)		
اسم	이름		
이쓰문	i-reum		
جبين	이마		
자비-눈	i-ma		
البريد الإلكتروني	이메일		
알바리-둘 일릭트루-니	e-mail		

아-둘 아드하 때는 무엇을 합니까?	ماذا تفعل في عيد الأضحى؟
	마-다 타프알루 피 이-둘 아드하?

당신(남)의 이름은 무엇입니까?	ما اسمك؟
	마- 쓰무카?

당신(여)의 이름은 무엇입니까?	ما اسمك؟
	마- 쓰무키?

제 이름은 소향입니다	اسمي سو هيانغ
	이쓰미- 소향

이모 i-mo	خالة 칼-라툰	이 분, 이것(남) i-bun, i-geot	هذا 하다-
이발 i-bal	حلاقة 할라-까툰	이 분, 이것(여) i-bun, i-geot	هذه 하디히
이백 i-baek	مئتان 미아탄	이로운 i-ro-un	نافع 나-피운
이번에 i-beon-e	هذه المرة 하디힐 마르라	이른 i-reun	مبكر 무박키룬
이번 주 i-beon-ju	هذا الأسبوع 하달 우쓰부-으	이분의 일(30분) i-bun-ui il	نصف 니스푼

이슬람이란 무엇인가요? **ما هو الإسلام؟**
마- 후왈 이쓸람-?

이슬람의 6신은 무엇입니까? **ما هي أركان الإيمان الستة؟**
마- 히야 아르카-눌 이-만- 씯타?

이슬람의 5행은 무엇입니까? **ما هي أركان الإسلام الخمسة؟**
마- 히야 아르카-눌 이쓸람- 캄싸?

당신(남)은 무슬림 입니까? **هل أنت مسلم؟**
할 안타 무슬림?

당신(여)은 무슬림 입니까? **هل أنت مسلمة؟**
할 안티 무슬리마?

무슬림들은 하루에 몇 번 예배를 합니까?
كم مرة يصلي المسلم في اليوم؟
캄 마르라 유쌀리- 알무슬림 필 야움

이불 i-bul	غطاء 기따-운	이사하다 i-sa-hada	انتقل 인타깔라
이슬람교 Islam-gyo	دين الإسلام 디-눌 이쓸람	나는 이사한다	أنتقل 안타낄루
이슬람신자(남) islam sin-ja	مسلم 무슬리문	나는 이사했다	انتقلت 인타깔투
이슬람신자(여) islam sin-ja	مسلمة 무쓸리마툰	이상한 i-sang-han	غريب 가리-분
이슬람력 islam ryeok	السنة الهجرية 앗싸나툴 히즈리-야	이십 i-sib	عشرون 이슈룬
이슬람 전통 Islam jeon-tong	سنة 순나	이십분(삼분의 일) i-sib bun	ثلث 쑬쑨
이슬비 i-seul-bi	رذاذ 라자-준	이쑤시개 i-ssu-si-gae	نكاشة أسنان 낙카-샤투 아쓰난

방문 목적이 무엇입니까?
ما سبب الزيارة؟
마 싸바붓 지야-라?

관광으로 왔습니다
للسياحة
릿씨야-하티

당신(남)은 이해합니까?
هل أنت مفهوم؟
할 안타 마프훔-?

당신(여)은 이해합니까?
هل أنت مفهومة؟
할 안티 마프후-마?

이야기	قصة	이집트	مصر
i-ya-gi	낏솨툰	Egypt	미스르

이야기하다	تحادث	이집트인	مصري
i-ya-gi-hada	타하-다싸	Egypt sa-ram	미스리-윤

이웃	جار	이집트 수도	القاهرة
i-ut	자-룬	Egypt su-do(Cario)	알까-히라

이유	سبب	이집트 파운드	جنيه مصري
i-yu	싸바분	Egypt pound	주나이흐 미스리-

이코노믹 클레스	درجة سياحية	이천	ألفان
economic class	다라자툰 씨야-히-야	i-cheon	알파-니

이월	فبراير	이해하다	فهم
i-wol	피브라-이르	i-hae-hada	파히마

이익	ربح	나는 이해합니다	فهمت
i-ik	리브훈		파힘투

이전의	سابق	인내	صبر
i-jeon-ui	싸-비꾼	in-nae	쏴브룬

나는 이해하지 못합니다	لا أفهم
	라- 아프함

당신(남)의 직업은 무엇입니까?	ما عملك؟
	마- 아말루카?

당신(여)의 직업은 무엇입니까?	ما عملك؟
	마- 아말루키?

인내하는 in-nae-ha-neun	صابر 싸-비룬	인터뷰 interview	مقابلة 무까-발라툰
인도 Indo	الهند 알힌드	일(1) il	واحد 와-히드
인도 사람 Indo sa-ram	هندي 힌디-윤	일(업무) il	عمل 아말룬
인사하다 in-sa-hada	سلم على 쌀라마 알라-	일기예보 il-gi-ye-bo	النشرة الجوية 안나샤라툴 자우위-야
인쇄 in-swae	طبع 똬브운	일등석 il-deung-seok	درجة أولى 다라자 울라-
인자한 in-ja-han	حنون 하눈	일몰 il-mol	غروب الشمس 구루-붓 샴쓰

일방통행
il-bang-tong-haeng

طريق باتجاه واحد
똬리-끄 빗티자-히 와-히드

당신(남)은 어떤 일을 하십니까?

ماذا تعمل أنت؟
마-다- 타으말루 안타?

저는 엔지니어로 일합니다

أعمل مهندسا
아으말루 무한디싼

당신(남)은 어떤 일을 하십니까?

ماذا تعملين أنت؟
마-다- 타으말리-나 안티?

저는 여교사로 일하고 있습니다

أعمل مدرسة
아으말루 무다르리싸탄

일본	اليابان	일주일 후에	بعد الأسبوع
il-bon	알야-반-	il-ju-il hu-e	바으달 우쓰부-으

일본어	اللغة اليابانية	일출	شروق
il-bon-eo	알루가툴 야-바-니-야	il-chul	슈루-꾼

일본 사람	ياباني	일하다	عمل
il-bon sa-ram	야-바-니-윤	il-hada	아말라

일부	بعض	읽다	قرأ
il-bu	바으둔	ik-da	까라아

일요일	يوم الأحد	나는 읽는다	أقرأ
il-yo-il	야우물 아하드		아끄라우

일월	يناير	나는 읽었다	قرأت
il-wol	야나-이르		까라으투

일주일	أسبوع	읽으세요	اقرأ
il-ju-il	우쓰부-운		이끄라으

제 가방을 잃어버렸습니다   **أضعت حقائبي**
아돠으투 하까-이비-

저는 아파트를 임대하고 싶습니다   **أريد أن أستأجر الشقة**
우리-두 안 아쓰타으지라 앗샥까

그렇지 않습니까?   **أليس كذلك؟**
아 라이싸 카달리카?

이것이 맞습니까?   **هل هذا صحيح؟**
할 하다- 쏴히-훈?

잃다 il-ta	أضاع 아돠-아	임신한 im-sin-han	حامل 하-밀룬
임대(료) im-dae	إيجار 이-자-룬	임차인 im-cha-in	مستأجر 무스타으자룬
임대인 im-dae-in	مستأجر 무스타으지룬	입 ib	فم 파문
임대하다 im-dae-hada	استأجر 이쓰타으자라	입구 ib-gu	مدخل 마드칼룬

당신(남)은 직원입니까?

هل أنت موظف هنا؟

할 안타 무왓좌푼 후나-?

당신(여)는 이 회사 직원입니까?

هل أنت موظفة في هذه الشركة؟

할 안티 무왓좌파툰 피 하디힛 샤리카?

여보세요, 하-미드 선생님 지금 계신가요?

آلو، هل السيد حامد موجود الآن؟

알루-, 할 앗싸이드 하-미드 마우주-드 알아-나?

자밀라씨 계십니까?

هل السيدة جميلة موجودة؟

할 앗싸이-다 자밀-라 마우주-다?

여기서 가까운 은행이 있나~요?

هل يوجد بنك قريب من هنا؟

할 유-자두 반크 까리-분 민 후나-?

압둘라씨 계신가요?

فيه السيد عبدالله؟

피-히 앗싸이-드 압둘라?

있는(존재하는) ib-neun	موجود 마우주-둔	입국비자 ib-guk-visa	تأشيرة الدخول 타으쉬-라툿 두쿨
있다 it-da	يوجد 유-자두	입국카드 ib-guk-card	بطاقة الدخول 비따-까툴 두쿨
있다 it-da	فيه 피-히	입다 ib-da	لبس 라비싸
아니요, 없어요	لا، ما فيه 라-, 마 피	나는 입는다	ألبس 알비쑤
있었다 it-eot-da	كان 카-나	나는 입었다	لبست 라비쓰투
잉크 ink	حبر 히브룬	입술 ib-sul	شفتين 샤파타인

당신(남)은 식당에 있었습니까?
هل كنت في المطعم؟
할 쿤다 필 마뜨암?

나는 잊지 않을 겁니다
لن أنس
란 안싸

당신은 자녀가 있습니까?
هل لك أبناء؟
할 라카 아브나-운?

저는 아들 하나 있습니다
لي ولد واحد
리- 왈라둔 와-히드

저는 두 딸이 있습니다
لي بنتان
리- 빈타-니

잊다	نسي
it-da	나씨야

나는 잊었다	نسيت
	나씨-투

잎	ورقة
ip	와라까툰

자	مسطرة	자동차	سيارة
ja	미쓰따라툰	ja-dong-cha	싸이야-라툰
자녀	أبناء	자르다	قطع
ja-nyeo	아브나-운	ja-reu-da	까따아
자다	نام	자매	أخت
ja-da	나마	ja-mae	우크툰
나는 잔다	أنام	자발적인	طوعي
	아나-무	ja-bal-jeok-in	따우이-윤
나는 잤다	نمت	자물쇠	قفل
	님투	ja-mul-soe	끼플룬
자동적인	أوتوماتيكي	자연	طبيعة
ja-dong-jeok-in	우투마티키	ja-yeon	따비-아툰

자동차를 임대하고 싶습니다

أريد أن أستأجر السيارة
우리-두 안 아쓰타으지랏 싸이야-라

한 주당 임대료가 얼마입니까?

ما هي الأجرة الأسبوعية؟
마 히야 알우즈라툴 우쓰부-이-야?

석유까지 포함된 가격 입니까?

هل السعر يشمل الوقود؟
할 씨으루 야슈말룰 우꾸드?

잔돈은 당신 가지세요

الباقي على شأنك
알바-끼- 알라- 샤으니카

잠시만요

لحظة من فضلك
라흐좌 민 파들릭

자원하다	تطوع	잠자리	صقر الناموس
ja-won-hada	타따우와아	jam-ja-ri	사끄르 안나무-쓰
자유	حرية	잡다(쥐다)	مسك
ja-yu	후르리야툰	jab-da	마싸카
자전거	دراجة	잡으세요	امسك
ja-jeon-geo	다르라-자툰		임싸크
자치	استقلال	잡지	مجلة
ja-chi-ui	이쓰티끌랄-룬	jab-ji	마잘라툰
작가(남)	كاتب	장갑	قفاز
jak-ga	카-티분	jang-gab	까파-준
작가(여)	كاتبة	장관(남)	وزير
jak-ga	카-티바툰	jang-gwan	와지-룬
작은	صغير	장관(여)	وزيرة
jak-eun	솨기-룬	jang-gwan	와지-라툰
잔돈	فكة	장남	الابن الأكبر
jan-don	팍카툰	jang-nam	알이브눌 아크바르
잠	نوم	장녀	البنت الكبرى
jam	나우문	jang-nyeo	알빈툴 쿠브라-
잠옷	قميص النوم	장님	أعمى
jam-ot	까미-스 안나움	jang-nim	아으마-

이 곳(장소)의 이름은 무엇입니까?	ما اسم هذا المكان؟
	마-쓰무 하달 마칸-?

한국어	아랍어	한국어	아랍어
장례식 jang-rye-sik	جناز 자나-준	재난 jae-nan	كارثة 카리싸툰
장래(미래) jang-rae	مستقبل 무쓰타끄발룬	재능 jae-neung	مقدرة 마끄디라툰
장모 jang-mo	حماة 하마-툰	재산 jae-san	ملك 밀쿤
장미 jang-mi	وردة 와르다툰	잼 jam	مربى 무랍바-
장소 jang-so	مكان 마카-눈	저 분, 저것(남) jeo-bun, jeo-geot	ذلك 달-리카
장식하다 jang-sik-hada	زين 자이야나	저 분, 저것(여) jeo-bun, jeo-geot	تلك 틸카
장인어른 jang-in-eo-reun	حمو 하무-	저금 jeo-geum	ادخار 읻디카-룬
장치 jang-chi	جهاز 지하-준	저기 jeo-gi	هناك 후나-카

저것(남)은 무엇입니까?
ما ذلك؟
마- 달-리카?

저것은 피라미드입니다
ذلك هرم
달리카 하라문

저것은 얼마입니까?
كم هو ثمنه؟
캄 후와 싸마누후?

저녁	مساء	저자(남)	مؤلف
jeo-nyeok	마싸-운	jeo-ja	무알리푼

저녁식사	عشاء	저자(여)	مؤلفة
jeo-nyeok-sik-sa	아샤-운	jeo-ja	무알리파툰

저술하다	ألف	저쪽	هناك
jeo-sul-hada	알라파	jeo-ggok	후나카

저울	ميزان	적당한	مناسب
jeo-ul	미-자-눈	jeok-dang-han	무나-씨분

저분(남)은 누구입니까?
من ذلك؟
만 달-리카?

저분은 회사에 직원입니다
ذلك موظف في الشركة
달-리카 무탗와푼 핏 샤리카티

저분(여)는 누구입니까?
من تلك؟
만 틸카?

저분은 대학교의 여직원입니다
تلك موظفة في الجامعة
틸카 무왗좌파툰 필자-미아

좋은 저녁입니다(저녁 인사)
مساء الخير
마싸-울 카이르

빛나는 저녁입니다(대답)
مساء النور
마싸-운 누르

전기면도기
آلة حلاقة كهربائية
jeon-gi-myeondogi
알-라트 할라-까 카흐라바-이야

한국어	아랍어	발음		한국어	아랍어	발음
적도 jeok-do	خط الإستواء	칸뜨 알이쓰티와-		전쟁 jeon-jaeng	حرب	하르분
적절한 jeok-jeol-han	مناسب	무나-씨분		전지 jeon-ji	بطارية	바따리-야툰
적은(양이) jeok-eun	قليل	깔릴-룬		전진하다 jeon-jin-hada	تقدم	타깓다마
전구 jeon-gu	مصباح كهربائي	미스바-흐 카흐라바이-		전체 jeon-che	كل	쿨루
전기 jeon-gi	كهرباء	카흐라바-운		전통 jeon-tong	تقليد	타끌리-둔
전문가 jeon-mun-ga	خبير	카비-룬		전통의 jeon-tong-ui	تقليدي	타끌리-디-윤
전람회 jeon-ram-hoe	معرض	마으리둔		전투 jeon-tu	غزوة	가즈와툰
전부 jeon-bu	كل	쿨루		전화 jeon-hwa	تليفون	틸리-푼-
전분 jeon-bun	نشاء	나샤-운			هاتف	하-티푼
~전에(before) jeon-e	قبل	까블라		전화하다 jeon-hwa-hada	اتصل	일타쌀라
전염병 jeon-yeom-byeong	وباء	와바-운		절단하다 jeol-dan-hada	قطع	까따아

절반 / jeol-ban	نصف / 니스푼
젊은 / jeolmeun	شاب / 샤-분
점수 / jeom-su	درجة / 다라자툰
점심 / jeom-sim	غداء / 가다-운
점차적으로 / jeom-cha-jeok-eu-ro	تدريجا / 타드리지-잔
점프하다 / jump-hada	قفز / 까파자
접근 / jeob-geun	اقتراب / 이끄티라-분
접수원 / jeob-su-weon	موظف استقبال / 무왓좌푼 이쓰티끄발-
접시 / jeob-si	صحن / 솨흐눈
정거장 / jeong-geo-jang	محطة / 마핱따툰
정당 / jeong-dang	حزب سياسي / 히즈분 씨야-씨-
정리하다 / jeong-ri-hada	رتب / 랍타바
정당한 / jeong-dang-han	بالحق / 빌학끄
정부 / jeong-bu	حكومة / 후쿠-마툰

당신 전화번호가 무엇입니까?
ما رقم هاتفك؟
마 라끄무 하-티피크?

당신(남)에게 곧 전화하겠습니다
سأتصل بك قريبا
싸알타실루 비카 까리-반

당신(여)에게 공항에서 전화하겠습니다
سأتصل بك من المطار
싸알타실루 비키 민날 마따-르

의사 좀 불러주세요!
اتصل بطبيب من فضلك!
일타실 비 따빕- 민 파들릭!

한국어	아랍어	한국어	아랍어
정부의 jeong-bu-ui	حكومي 후쿠-미-윤	정확한 jeong-hwak-han	مضبوط 마드부-뚠
정상(꼭대기) jeong-sang	قمة 낌마툰	제한속도 je-han-sok-do	حط السرعة 하뜻 쑤르아
정신 jeong-sin	روح 루-훈	제과점 je-gwa-jeom	مخبز 마크바준
정원 jeong-weon	بستان 부쓰타-눈	제공하다 je-gong-hada	قدم 깐다마
정지하다 jeong-ji-hada	وقف 와까파	나는 제공한다	أقدم 우깐디무
정지하세요	قف 끼프	젤리 jelly	هلام 훌라-문
정직한 jeong-jik-han	مخلص 무클리쑨	조밀한 jo-mil-han	دقيق 다끼-꾼
정치 jeong-chi	سياسة 씨야-싸툰	조상 jo-sang	أجداد 아즈다-둔
정확하게 jeong-hwak-ha-ge	تماما 타마-만	조각 jo-gak	نقش 나끄슌
정확하게	بالضبط 빗톱뜨	조각가(남) jo-gak-ga	نقاش 낙까-슌

그 식당은 정확하게 어디에 있습니까? **أين المطعم بالضبط؟**
 아이나 알마뜨아무 빗톱뜨?

한국어	아랍어	한국어	아랍어
조각가(여) jo-gak-ga	نقاشة 낙까-샤툰	나는 조사한다	أبحث 아브하쑤
조각된 jo-gak-doen	منقوش 만꾸-슌	조약 jo-yak	معاهدة 무아-하다툰
조각칼 jo-gak-kal	منقاش 민까-슌	조용한 jo-yong-han	هادئ 하-디운
조각하다 jo-gak-hada	نقش 나까샤	조종사 jo-jong-sa	قائد الطائرة 까-이둣 따-이라티
조건 jo-geon	شرط 샤르뚠	조직 jo-jik	منظمة 무낮좌마툰
조국 jo-guk	وطن 와따눈	존경하는 jon-gyeong-ha-neun	محترم 무흐타라문
조금 jo-geum	قليلا 깔릴-란	존경하다 jongyeong-hada	احترم 이흐타라마
조금 전에 jo-geum-jeon-e	قبل قليل 까블라 깔릴-	졸린 jol-rin	نعسان 나으싸-누
조만간 jo-man-gan	قريبا 까리-반	좁은 job-eun	ضيق 돠이꾼
조사하다 josa-hada	بحث 바하싸	좁은 길(골목) job-eungil	زقاق 주까-꾼
조금 더 앞으로 가세요			قدم شوي 꾿담 슈와이야

종(벨)	جرس	좋습니다	طيب
jong	자라쑨		따이입

종교	دين	좋지 않습니다	مش كويس
jong-gyo	디-눈	jochi ansseubnida	무쉬 쿠웨이스

종류	نوع	좌석	مقعد
jong-ryu	나우웁	jwa-seok	마끄아둔

종사하다	اشتغل	좌석 번호	رقم المقاعد
jong-sa-hada	이슈타갈라	jwa-seok beon-ho	라끄물 마까-이드

종이	ورقة	죄송합니다	آسف
jong-i	와라까툰	joesonghabnida	아-씨프

좋은	حسن	주간지	مجلة أسبوعية
joeun	하싸눈	ju-gan-ji	마잘라툰 우쓰부-이-야

좋습니다	حسنا	주다	أعطى
josseubnida	하싸난	ju-da	아으따-

이것을 나에게 주세요 أعطني هذا
아으뜨니- 하다-

조금만 더 주세요 أرجو أن تعطني أكثر قليلا
아르주- 안 투으뜨니- 아크싸르 깔릴-

덤으로 무엇을 더 주세요 لابد بقشيش
라붓다 바끄쉬쉬

메뉴판 좀 주세요 أعطني قائمة الطعام من فضلك
아으뜨니- 까-이마툿 따아-미 민파들릭

한국어	아랍어	발음
주말	عطلة نهاية الأسبوع	ju-mal 우뜰라투 니하-야틸 우쓰부-으
주머니	جيب	ju-meo-ni 자이분
주문	طلب	ju-mun 딸라분
주문하다	طلب	ju-mun-hada 딸라바
주민		ju-min 싸-키눈
주민등록증	بطاقة الإقامة	ju-min-deung-rok-jeung 비따-까툴 이까-마
~주변에	حول	ju-byeon-e 하울라
주사	حقنة	ju-sa 후끄나툰

저를 이 주소로 데려다주실 수 있습니까?

ممكن أن تأخذني إلى هذا العنوان؟
뭄킨 안 타으쿠다니- 일라 하달 우느완-?

도시 중심가 주변에

حول وسط المدينة
하울라 와싸뜰 마디-나

모두가 하나님으로부터 왔다가 하나님께 돌아가는 것이지요

إن لله و إن إليه راجعون
인나 릴라히 와 인나 일라히 라-지운

영원한 것은 오직 하나님 뿐입니다

البقاء لله
알바까 릴라

하나님께 의지하세요

الشدة على الله
앗 쉳다투 알랄라

하나님께서 당신을 도와주실겁니다

الله يكون في عونك
알라후 야쿠-누 피 아우니카

주인 ju-in	صاحب 솨-히분	주소 ju-yu-so	عنوان 우느완-
주제 ju-je	موضوع 마우두-운	주스 juice	عصير 아쉬-루
주차장 ju-cha-jang	موقف السيارات 마우끼풋 싸이야라-트	주식회사 ju-sik-hoe-sa	شركة محدودة 샤리카 마흐두-다
주차금지 ju-cha-geum-ji	ممنوع الوقوف 맘누-울 우꾸-프	주유소 ju-u-so	محطة بنزين 마핟따투 빈진-
죽다 juk-da	مات 마-타	주위에 ju-wi-e	حول 하울라
준비하다 jun-bi-hada	أعد 아앋다	주의 ju-ui	انتباه 인티바-훈
나는 준비한다	أعد 우읻두	주의하세요	انتبه 인타비흐

정신 차리고 힘내세요

خلى بالك من نفسك
칼리 발-라크 민 낲씨까

중학교
jung-hak-kyo

مدرسة متوسطة
마드라싸툰 무타왓씨따

중학생(남)
jung -hak-saeng

تلميذ في المدرسة المتوسطة
틸미-준 필마드라싸틸 무타와씨따

중학생(여)
jung -hak-saeng

تلميذة في المدرسة المتوسطة
틸미-자툰 필마드라싸틸 무타와씨따

한국어	아랍어	한국어	아랍어
준비된 jun-bi-doen	جاهز 자-히준	쥐 jwi	فأر 파으룬
줄(로프) jul	حبل 하블룬	즉, 말하자면	يعني 야으니-
중간의 jung-gan-ui	متوسط 무타왓씨뚠	즉시 jeuk-si	حالا 할-란
중국 jung-guk	الصين 앗신-	즐거워하다 jeul-geo-weo-hada	تمتع 타맛타아
중국어 jung-guk-eo	لغة الصين 루가툿 신-	증가 jeung-ga	زيادة 지야-다툰
중국 사람 jung-guk sa-ram	صيني 시-니-윤	증가하다 jeung-ga-hada	زاد 자-다
중심 jung-sim	مركز 마르카준	증기 jeung-gi	بخار 부카-룬
중심가 jung-sim-ga	مركز المدينة 마르카줄 마디-나	증명서 jeung-myeong-seo	شهادة 샤하-다툰
중요한 jung-yo-han	مهم 무힘문	증명하다 jeung-myeong-hada	شهد 샤하다

지금 몇 시 인가요?

كم الساعة الآن؟
카밋 싸아-투 알아-나?

아침 9시입니다

الساعة التاسعة صباحا
앗싸아툿 타-씨아 쏴바한

한국어	아랍어	한국어	아랍어
증조할아버지 jeung-jo-hal-a-beo-ji	**أبو الجد** 아불 잗디	지방 ji-bang	**محافظة** 무하-파좌툰
지금 ji-geum	**الآن** 알아-나	지방(기름) ji-bang	**شحن** 샤흐눈
지구 ji-gu	**الكرة الأرضية** 알쿠라툴 아르뒤야	지부티 Djibouti	**جيبوتي** 쥐-부-티-
지나가다 ji-na-gada	**مر** 마르라	지부티 사람 Djibouti sa-ram	**جيبوتي**
지난주 ji-nan-ju	**الأسبوع الماضي** 알우쓰부-울 마-뒤	지부티 수도(지부티) Djibouti su-do(Djibouti)	**جيبوتي** 쥐-부-티-
지난달 ji-nan-dal	**الشهر الماضي** 앗샤흐룰 마-뒤-	지불하다 ji-bul-hada	**دفع** 다파아
지네 ji-ne	**عقرب** 아끄라분	나는 지불한다	**أدفع** 아드파우
지도 ji-do	**خريطة** 카리-따툰	나는 지불했다	**دفعت** 다파으투
지도자 ji-do-ja	**زعيم** 자이-문	나는 지불할 것이다	**سأدفع** 싸아드파우
지루한 ji-ru-han	**ممل** 무밀룬	지붕 ji-bung	**سقف** 싸끄푼
지중해 ji-jung-hae			**البحر الأبيض المتوسط** 알바흐룰 아브야둘 무타왓씨뚜

154

지식	علم	직물	نسيجة
ji-sik	일문	jik-mul	나씨-자툰

지역	منطقة	직사각형	مستطيل
ji-yeok	민따까툰	jik-sagakyeong	무쓰타뙬-룬

지옥	جهنم	직진으로	على طول
ji-ok	자한남	jik-jin-eu-ro	알라- 뚤-

지진	زلزلة	진실	حق
ji-jin	질잘-라툰	jin-sil	학꾼

지하	تحت الأرض	직업	مهنة
ji-ha	타흐탈 아르드	jik-up	미흐나툰

지하철	مترو	직원(남)	موظف
ji-ha-cheol	미트루-	jik-weon	무왗좌푼

지혜	حكمة	직원(여)	موظفة
ji-hae	히크마툰	jik-weon	무왗좌파툰

지혜로운	حكيم	직접적인	مباشر
ji-hae-ro-un	하키-문	jik-jeob-jeok-in	무바-쉬룬

진료소	عيادة	진주	لؤلؤ
jilryoso	이야-다툰	jin-ju	루으루으

당신(남)의 직업은 무엇입니까? ما مهنتك?
마 미흐나투카?

당신(여)의 직업은 무엇입니까? ما مهنتك?
마 미흐나투키?

진찰	فحص	짧은	قصير
jin-chal	파흐순	jjalbeun	까시-룬

질긴	متين	째즈	موسيقى جاز
jil-gin	마티-눈	jazz	무-씨-끄 자-즈

질문하다	سأل	쪽(페이지)	صفحة
jil-mun-hada	싸알라	jjok	쏴프하툰

나는 질문한다	أسأل	찢다	مزق
	아쓰알루	jjit-da	마자까

질투	غيور
jil-tu	가유-룬

짐(보따리)	عفش
jim	아프슈

집	بيت
jib	바이툰

집안 일	شؤون منزلي
jiban il	슈운- 만질리-

집주인	صاحب البيت
jib-ju-in	쏴-히불 바이트

짜다(맛이)	مالح
jja-da	말-리훈

짠	ملح
jjan	밀훈

참석 cham-seok	حضرور 후두-룬	차(홍차) cha	شاي 샤-윤
참새 cham-sae	عصفور 우스푸-룬	차(자동차) cha	سيارة 싸이야-라툰
참여 cham-yeo	مشاركة 무샤-라카툰	차가운 cha-ga-un	بارد 바-리둔
참여하다 cham-yeo-hada	شارك 샤-라카	차고 cha-go	خراج 카라-쥰
찻잔 chat-jan	فنجان 핀자-눈	차관 cha-gwan	نائب الوزير 나-이불 와지-르
창문 chang-mun	شباك 숩바쿤	차다(발로) cha-da	رفس 라프싸
찾다 chat-dda	وجد 와자다	차이 cha-i	فرق 파르꾼
나는 찾는다	أجد 야지두	착색된 chak-saek-doen	ملون 물라우와눈
나는 찾았다	وجدت 와자드투	착륙하다 chak-ryuk-hada	هبط 하바따
채소 chae-so	خضر 쿠돠룬	찬 물 chan-mul	ماء بارد 마-운 바-리드
		나는 홍차를 원합니다	أريد شايا 우리-두 샤-이

책	كتاب	체류하다	أقام
chaek	키타-분	cheryu-hada	아까-마

책방	مكتبة	나는 체류한다	أقيم
chaek-bang	마크타바툰		우끼-무

책상	مكتب	천(1000)	ألف
chaek-sang	마크타분	cheon	알프

책임	مسؤولية	천국	جنة
chaek-im	마쓰울-리-야툰	cheon-guk	쟌나툰

~처럼	مثل	천둥	برق
cheo-reom	미쓸루	cheon-dung	바르꾼

처방하다	وصف	천사	ملاك
cheobang-hada	와솨파	cheon-sa	말라-쿤

처방전	وصفة الطب	천재	عبقري
cheo-bang-jeon	와스파툿 뚭브	cheon-jae	아브까리-윤

처음	أول مرة	천만에요	عفوا
cheo-eum	아우왈 마르라	cheon-man-e-yo	아프완

체류	إقامة	철학	علم الفلسفة
che-ryu	이까-마툰	cheol-hak	일뭇 팔싸파

처음 뵙겠습니다

فرصة سعيدة
푸르싸툰 싸이-다

처음 뵙겠습니다(대답)

أنا أسعد
아나- 아쓰아두

첫 번째	الأول	초대	دعوة
cheot beon-jjae	알아우월루	cho-dae	다으와툰

첫 번째로	أولا	초대하다	داع
cheotbeon-jjae-ro	아우월란	chodae-hada	다아

청결	نظافة	초록색	أخضر
cheong-gyeol	나좌-파툰	cho-rok-saek	아크돠르

청소하다	نظف	초콜릿	شكولاتة
cheongso-hada	니좦파	chocolate	슈쿨라-트

청구서	حساب	총각	أعزب
cheong-gu-seo	히싸-분	chong-gak	아으자분

체스	شطرنج	총(무기)	بندقية
chess	샤똬란즈	chong	분두끼야툰

체온계	مقياس الحرارة	총리	رئيس الوزراء
che-on-gye	미끄야-쑬 하라-라티	chong-ri	라이-쑬 위자라-으

천천히요

ببطء من فضلك
비 부뜨인 민 파들릭

천천히 가주세요

على مهلك
알라- 마흘라크

청량음료
cheong-ryang-eum-ryo

مشروب غازي
마슈루-분 가-지-

체인점(Franchise)
che-in-jeom

وكالة شركة
위칼라투 샤리카틴

한국어	아랍어	한국어	아랍어
최고의 choe-go-ui	**العالى** 알알-라-	축하합니다 chuk-ha-habnida	**مبروك** 마부룩
최근(후)의 choe-geun-ui	**آخر** 아-키룬	출구 chul-gu	**مخرج** 마크라준
최신유행의 choe-sin-yu-haeng-ui	**أخر الطراز** 아-키룬 뚜라-지	출산 chul-san	**إنجاب** 인자-분
추가 chu-ga	**إضافة** 이돠-파툰	출석하다 chul-seok-hada	**حضر** 하돠라
추운 chu-un	**بارد** 바-리둔	나는 출석했다	**حضرت** 하돠르투
축구 chuk-gu	**كرة القدم** 쿠라툴 까담	출판 chul-pan	**منشور** 만슈-룬
축복하다 chuk-bok-hada	**بارك** 바-라카	출판사 chul-pan-sa	**شركة النشر** 샤리카툰 나샤르
축제 chuk-je	**عيد** 이-둔	출판하다 chul-pan-hada	**نشر** 나샤라

출입국
chul-ib-guk

الهجرة الداخلية والخارجية
알히즈라툿 다킬리야- 왈카리지-야

출입국 관리소
chul-ib-guk gwan-ri-so

مكتب الهجرة
마크타블 히즈라

이것이 충분합니까?

هل هذا يكفي؟
할 하다- 야크피-?

충실한(믿을만한) chung-sil-han	وفي 와피-윤
취소하다 chi-so-hada	ألغى 알가
층 cheung	طابق 따-비꾼
치과의사 chi-gwa-ui-sa	طبيب أسنان 따비-부 아쓰난-
치료 chi-ryo	علاج 일라-쥰
치료하다 chi-ryo-hada	عالج 알-라자
치아 chi-a	أسنان 아쓰나-눈
치약 chi-yak	معجون الأسنان 마으주-눌 아쓰난-
치즈 cheese	جبنة 주브나툰
치킨 chicken	دجاجة 다자-자툰
출생일 chul-saeng-il	تاريخ الميلاد 타-리-쿨 밀-라-디
춤 chum	رقص 라끄순
춤추다 chum-chu-da	رقص 라까솨
나는 춤을 춘다	أرقص 아르꾸쑤
충고 chung-go	نصيحة 나시-하툰
충고하다 chung-go-hada	نصح 나솨하
나는 충고한다	أنصح 안솨후
충돌하다 chung-dol-hada	اصطدم 이스따다마
충분하다 chung-bun-hada	كفى 카파-
충분한 chung-bun-han	كاف 카-핀
이것은 충분합니다	هذا كاف 하다- 카-핀

침(바늘) chim	إبرة 이브라툰	후라이드 치킨 Fried chicken	دجاج مقلي 다자-즈 마끌리-
침대 chim-dae	سرير 싸리-룬	친구(남) chin-gu	صديق 쏴디-꾼
침묵 chim-muk	صمت 쌈툰	친구(여) chin-gu	صديقة 쏴디-까툰
침실 chim-sil	غرفة النوم 구르파툰 나움-	친애하는 chin-e-ha-neun	عزيز 아지-준
칫솔 chissol	فرشاة الأسنان 푸르샤툴 아쓰난-	친절한 chin-jeol-han	كريم 카리-문
칭찬하다 ching-chan-hada	مدح 마다하	친척 chin-cheok	قريب 까리-분
		칠(7) chil	سبعة 싸브아
		칠백 chil-baek	سبعمئة 싸브우미아
		칠십 chil-shib	سبعون 싸브운-
		칠월 chil-weol	يوليو 율-유
		칠천 chil-cheon	سبعة آلاف 싸브아 알-라-프

카펫	سجادة	카드	بطاقة
carpet	쌋자-다툰	card	비따-까툰

칼	سكين	카메라	آلة تصوير
kal	씩키-눈	camera	알-라트 타스위-르

캐나다	كندا	카사블랑카	الدار البيضاء
Canada	카나다-	Casablanca	카사블랑카 바이돠-

캐나다 사람	كندي	카타르	قطر
Canada sa-ram	카나디-윤	Qatar	까따르

캐러멜	كرمل	카타르 사람	قطري
caramel	카르말	Qatar sa-ram	까따리-윤

캔디	حلوى	카타르 수도(도하)	دوحة
candy	할와-	Qatar su-do(Doha)	두-하

커튼	ستارة	카카오	كاكاو
curtain	씨타-라툰	cacao	카-카-우

나는 커피를 원합니다	أريد قهوة
	우리-두 까흐와

설탕을 넣지 않은 커피로요	أريد القهوة بدون السكر
	우리-두 알까흐와 비두닛 쑥카르

우유를 넣은 커피로요	أريد القهوة مع الحليب
	우리-두 알까흐와 마알 할립-

나는 커피를 마시고 싶습니다.	.أريد أن أشرب القهوة
	우리-두 안 아슈라발 까흐와

커피	قهوة	쿠웨이트 사람	كويتي
coffee	까흐와툰	Kuwait sa-ram	쿠와이티-윤

쿠웨이트 수도(쿠웨이트)

커피숍	مقهى	**الكويت**	
coffee shop	마끄하	Kuwait su-do(Kuwait)	알쿠와이트

컬러	لون	크림(식용)	قشدة
color	라우눈	cream	끼슈다툰
케밥	كباب	크림(화장품)	كريم
kabab	카밥	cream	크-림
케이크	كعكة	큰	كبير
cake	카으카	keun	카비-룬
컵	كوب	크리스마스	عيد الميلاد
cup	쿱	christmas	이-둘 밀라-디
컴퓨터	كمبيوتر	키(인체)	طول
computer	쿰피유티르	ki	뚤-룬
코(얼굴)	أنف	키	مفتاح
co	안푼	key	미프타-훈
코란	القران	키 작은	قصير
Quran	알꾸르아-누	ki jageun	까시-룬
콩	فول	키 큰	طويل
cong	풀-룬	ki keun	똬윌-룬
쿠웨이트	الكويت	키스하다	قبل
Kuwait	알쿠와이트	kiss-hada	깝발라

킬로그램   كيلوغرام
kilogram   킬-루-그람

타다(탑승) ta-da	ركب 라키바	태어나다 tae-eo-nada	ولد 울리다
나는 탄다	أركب 아르카부	태평양 tea-pyeong-yang	المحيط الهادئ 알무히-뚤 하디-
나는 탔다	ركبت 라킵투	택시 taxi	تكسي 타크씨-
타워 tower	برج 부르준	택시 요금 taxi yo-geum	أجرة التكسي 우즈라툿 타크씨-
탑승 tab-seung	ركوب 루쿠-분	택하다(고르다) taek-hada	اختار 이크타-라
태양 tae-yang	الشمس 앗샴쑤	터키 Turkey	تركيا 투르키야

당신(남)은 언제 태어났습니까?
متى ولدت؟
마타- 울린타?

당신(여)은 언제 태어났습니까?
متى ولدت؟
마타- 울린티?

나는 7월2일날 태어났습니다
ولدت في الثاني من يوليو
울린투 핏싸-니- 민 율-유

여기 암만으로 가는 택시가 있습니까?
هل توجد تكسي إلى عمان؟
할 투-자두 타크씨- 일라- 암만-?

택시를 탑시다!
لنأخذ تكسي
리나으쿠wm 타크씨-!

터키사람	تركي
Turkey sa-ram	투르키-윤

턱수염	دقن
teok-su-yeom	다끄눈

털	شعر
teol	샤으룬

텅빈	فارغ
teong-bin	파-리군

테러	إرهاب
terror	이르하-분

테이블	مائدة
table	마-이다툰

테이프	شريط
tape	샤리-뚠

텔레비전	تلفزيون
television	틸파지-윤

토끼	أرنب
to-ggi	아르나분

토론하다	ناقش
to-ron-hada	나-까샤

토마토	طماطم
tomato	따마-뛰문

토마토 주스	عصير الطماطم
tomato juice	아시-룰 따마-뜀

토마토 케찹	صلصة الطماطم
tomato ketchup	쌀사툿 따마-뜀

토요일	يوم السبت
to-yo-il	야우뭇 쌉트

톱	منشار
tob	민샤-룬

통과하다	مر
tong-gwa-hada	마르라

통신	مراسلة
tong-sin	무라-쌀라툰

통역자	مترجم
tong-yeok-ja	무타르지문

통역하다	ترجم
tong-yeok-hada	타르자마

통조림	علبة
tong-jo-rim	울바툰

통치하다	حكم
tong-chi-hada	하카마

통치자	حاكم
tong-chi-ja	하-키문

통화(화폐) tong-hwa	عملة 우믈라툰	팁 tip	بقشيش 바끄쉬-쉬
투표하다 tu-pyo-hada	صوت 쏴우와타		
튀니지 Tunisia	تونس 투-니쓰		
튀니지 사람 Tunisia sa-ram	تونسي 투-니씨-윤		
튀니지 수도(튀니스) Tunisia su-do(Tunis)	تونس 투-니쓰		
트럭 truck	عربة نقل 아라바투 나끌		
트렁크 trunk	صندوق 순두-꾼		
특급열차 teuk-geub-yeol-cha	قطار سريع 끼따-룬 싸리-운		
특징(특성) teuk-jing	خاصية 카-시야-툰		
특별히 teuk-byeol-hi	خصوصا 쿠수-싼		
특별하다 teuk-byeol-hada	خص 캇솨		

파다 pa-da	حفر 하파라	팔다 pal-da	باع 바-아
파란색 pa-ran-saek	أزرق 아즈라끄	나는 판매하다	أبيع 아비-우
파리(곤충) pa-ri	ذبابة 두바-바툰	팔레스타인 Palestine	فلسطين 필라쓰띤-
파운드(무게) pound	باوند 바-운드	팔백 pal-baek	ثمانمئة 싸마-니미아
파이 pie	فطيرة 파뛰-라툰	팔십 pal-shib	ثمانون 싸마-눈
파인애플 pineapple	أناناس 아나-나쑨	팔월 pal-wol	أغسطس 우구쓰투쓰
파키스탄 Pakistan	باكستان 바-키스탄-	팔찌 pal-jji	سوار 씨와-룬
파티 party	حفلة 하플라툰	팔천 pal-cheon	ثمانية آلاف 싸마-니야 알-라-프
팔(신체) pal	ذراع 디라-운	팝콘 popcorn	فشار 풋샤-룬
팔(8) pal	ثمانية 싸마-니-야	패배하다 pae-bae-hada	انهزم 인하자마
편도 티켓 pyeon-do-ticket			تذكرة الذهاب 타드키라툿 디하-브

한국어	아랍어	발음		한국어	아랍어	발음

팩스 / fax — فاكس 파-크쓰

펌프 / pump — مضخة 미댯카툰

페인트 / paint — دهان 다하-눈

펜 / pen — قلم 깔라문

편리한 / pyeon-ri-han — ملائم 말라-이문

편지 / pyeon-ji — رسالة 리쌀-라툰

평등 / pyeon-deung — مساوات 무싸-와툰

평화 / pyeon-hwa — سلام 쌀라-문

포도 / po-do — عنب 이나분

포옹하다 / po-ong-hada — عانق 아-나까

포크 / fork — شوكة 샤우카툰

포함하다 / po-ham-hada — اشتمل 이슈타말라

폭포 / puk-po — شلال 샬라-룬

폭풍 / puk-pung — عاصفة 아-시파툰

나는 가족에게 편지를 씁니다
آكتب الرسالة لعائلتي
아크투부 아르리쌀-라타 리아-일라티-

나는 친구로부터 편지를 받았습니다
تسلمت الرسالة من صديقي
타쌀람투 아르리쌀-라타 민 쏴디-끼-

당신에게 편지를 보내겠습니다
سأرسل الرسالة لك
싸아르씰루 아르리쌀-라타 라크

나는 최고의 품질을 원합니다
أريد أفضل نوعية من أشياء
우리-두 아프달 나우이야 민 아쉬야

표(티켓)	تذكرة	필름	فيلم
pyeo	타드키라툰	film	필-문

품질	نوعية	필요하다	احتاج إلى
pum-jil	나우이-야툰	pil-yo-hada	이흐타-자 일라-

프랑스	فرنسا	나는 필요하다	أحتاج
France	파란싸-		아흐타-주

프랑스어 **اللغة الفرنسية**
France-eo 알루가툴 파란씨-야

나는 필요하지 않습니다
لا أحتاجه
라- 아흐타-주후

프랑스 사람	فرنسي		
France sa-ram	파란씨-윤	필요한	محتاج
		pil-yo-han	무흐타-준

프로그램	برنامج	핑크색	زهري
program	바르나-미쥰	pink-saek	자흐리

프로듀서	منتج
producer	문티준

피(신체)	دم
pi	담문

피곤한	متعب
pi-gon-han	무트아분

피다(꽃)	أزهر
pi-da	아즈하루

피아노	بيانو
piano	비야-누-

하늘 ha-neul	سماء 싸마-운	나는 했다	فعلت 파알투
하다 ha-da	فعل 파알라	~(남성분께)하세요	تفضل 타팓딸
나는 한다	أفعل 아프알루	~(여성분께)하세요	تفضلي 타팓딸리-

하나님이 원하신다면   إن شاء الله

인샤-알라

(Tip 아랍인들과 무슬림들은 모든 일들이 하나님 뜻 안에서 이루어지는 것으로 생각하기 때문에 상대방과의 약속에 있어서 "인샤-알라"라는 말로 그에 대답하곤 한다. 보통 "예"라는 긍정의 대답으로 생각하면 더 좋다.)

하나님의 축복 받으세요(감사해요)   بارك الله فيك

바-라칼라후 피-크

하나님의 이름으로   بسم الله

비쓰밀라

(Tip 아랍인들과 무슬림들이 어떤 일을 시작하기 전에 사용하는 관용표현입니다. (예) 식사하기 전, 수업하기 전, 짐승을 도살할 때)

하나님이 바라셨던 것   ما شاء الله

마- 샤-아 알라

(Tip 좋은 일이 있거나, 멋진 광경을 보았을 때 즐겨 사용하는 표현입니다. (예) 시험에 합격했을 때, 아이가 막 글자를 깨우쳤을 때, 친구가 새 자동차를 샀을 때)

صلى الله عليه وسلم

살랄라후 알라이히 와 쌀람

(Tip 예언자 무함마드의 이름이 거론될 때마다 화자와 청자가 그를 기리며 경의를 표하는 관용적 표현입니다.)

학자 hak-ja	عالم 알-리문
학생(남) hak-saeng	طالب 딸-리분
학생(여) hak-saeng	طالبة 딸-리바툰
한국 han-guk	كوريا 쿠-리아-
한국어 han-guk-eo	اللغة الكورية 알루카툴 쿠-리-야
한국음식 han-guk-eum-sik	الطعام الكوري 앗따아-물 쿠리-
한국 사람 han-guk sa-ram	كوري 쿠-리-윤
~합시다,~하자 hab-si-da, ha-ja	هيابنا 하이야-비나
하루 종일 ha-ru jong-il	طول اليوم 뚤라 야움
하차하다 ha-cha-hada	نزل 나잘라
하얀색 ha-yan-seak	أبيض 아브야드
학교 hak-gyu	مدرسة 마드라싸툰
학교장 hak-gyu-jang	مدير المدرسة 무디-룰 마드라싸
학문 hak-mun	علم 일문

저는 한국에서 왔습니다
أنا من كوريا
아나- 민 쿠-리야-

한국대사관
han-guk-dae-sa-gwan
السفارة الكورية
앗씨파-라툴 쿠-리-야-민파들릭

한국대사관으로 가주세요
إلى السفارة الكورية من فضلك
일라- 앗씨파-라틸 쿠-리-야-

나는 아랍어를 읽을 수 없습니다
لا أستطيع قراءة العربية
라- 아쓰타뛰-우 끼라아탈 아라비-야

한방울	قطرة	나는 할 수 있다	أستطيع
han-bang-ul	까뜨라툰		아쓰타띠-우

한 번	مرة	할인하다	خفض السعر
han-beon	마르라툰	hal-in-hada	캎파돠 앗씨으르

할머니	جدة	함께	مع
hal-meo-ni	좔다툰	ham-kke	마아

할아버지	جد	합당한	معقول
hal-a-beo-ji	좔둔	hab-dang-han	마으꿀-

할 수 있는	قادر	항구	ميناء
hal su it-neun	까-디룬	hang-gu	미-나-운

할 수 있다	استطاع	항상	دائما
hal su it-da	이쓰타따-아	hang-sang	다-이만

항공모함　　　　　　　　　　حاملة الطائرة
hang-gong-mo-ham　　　　　하-밀라툰 따-이라티

항공 우편　　　　　　　　　　البريد الجوي
hang-gong u-pyeon　　　　　알바리-둘 자우위-

항공우편은 얼마인가요?　　كم يكلف بالبريد الجوي؟
　　　　　　　　　　캄 유칼리푸 빌바리-딜 자우위-?

이 소포를 항공우편으로 보내고 싶습니다
أريد إرسال هذا الطرد بالبريد الجوي
우리-두 이르쌀- 하닷 따르드 빌바-리딜 자우위-

전 지금 가야합니다　　　　　يجب أن أذهب الآن
　　　　　　　　　　야지부 안 아드하바 알아-나

한국어	아랍어	한국어	아랍어
향상 hyang-sang	تحسين 타흐씨-눈	핸드볼 hand ball	كرة اليد 쿠라툴 야드
향수 hyang-su	عطر 이뜨룬	핸디캡 handicap	عائق 아-이꾼
해(年) hae	سنة 싸나툰	햇살 haet-sal	نور الشمس 누-룻 샴쓰
해결 hae-gyeol	حل 할룬	햇살이 비치는 haetssal-i bi-chi-neun	مشمس 무슈미쑨
해방 hae-bang	تحرير 타흐리-룬	행동 haeng-dong	سلوك 쑬루-쿤
해변가 hae-byeon-ga	شاطئ 샤-뛰운	행복 haeng-bok	سعادة 싸아-다툰
해석 hae-seok	تعبير 타으비-룬	행복한 haeng-bok-han	سعيد 싸이-둔
해야한다 hae-ya-handa	يجب أن 야지부 안	행운 haeng-un	حسن الحظ 후쓰닐 핮즈
해외 hae-oe	خارج البلاد 카-리줄 빌라-드	행운이 함께하길! 빗 타우피-끄!	بالتوفيق
행복한 명절되세요			عيد سعيد 이-드 싸이-드
행복한 여행되세요			رحلة سعيدة 리흘라 싸이-다

한국어	아랍어	한국어	아랍어
허락(가)하다 heo-rak-hada	سمح 싸마하	혈압 hyeol-ab	ضغط الدم 돠그뚤 담
허리 heo-ri	خصر 카스룬	혈액 hyeol-aek	دم 담
허리띠 heo-ri-ddi	حزام 히자-문	혈액형 hyeol-aek-hyeong	فصيلة الدم 파실-라툿 담
헬리콥터 helicopter	طائرة عمودية 따-이라툰 아무-디-야툰	협력하다 hyeomryeok-hada	تعاون 타아-와나
혀 hyeo	لسان 리싸-눈	형 hyeong	أخ 아쿤
현미경 hyeon-mi-gyeong	مجهر 미즈하룬	형벌 hyeong-bul	عقوبة 우꾸-바툰
현상(사건) hyeon-sang	ظاهرة 좌-히라툰	호랑이 ho-rang-i	نمر 나므룬
혈관 hyeol-gwan	عرق 이르꾼	호박 ho-bak	يقطين 야끄띠-눈

호텔로 (갑시다)부탁합니다

إلى الفندق من فضلك
일랄 푼두끄 민 파들릭

하루에 요금에 얼마입니까?

كم سعرها ليوم واحد؟
캄 씨으루하- 리야움 와-히드?

일주일을 호텔에서 지낼 것입니다.

سأبقى لمدة أسبوع في الفندق
싸아브까- 리문다 우쓰부-으 필 푼두끄

호텔 / hotel	فندق / 푼두꾼
호흡하다 / ho-heub-hada	تنفس / 타낲파싸
혼잡한 / hon-jab-han	مزدحم / 무즈다히문
화가(남) / hwa-ga	رسام / 랏싸-문
화가(여) / hwa-ga	رسامة / 랏싸-마툰
화물선 / haw-mul-seon	سفينة الشحن / 싸피-나툿 샤흔
화물열차 / haw-mul-yeol-cha	قطار البضائع / 끼따-룰 바돠-이으
화려한 / haw-ryeo-han	فاخر / 파-키룬
화산 / haw-san	بركان / 부르카-눈
화난 / haw-nan	غاضب / 가-뒤분
화요일 / hwa-ryo-il	يوم الثلاثاء / 야우뭇 쑬라-싸-
화장실 / haw-jang-sil	دورة المياه / 다우라툴 미야-히
화재 / haw-jae	احتراق / 이흐티라-꾼
확신하는 / hawk-sin-ha-neun	متأكد / 무타악키둔

화장실이 어디있습니까?

أين الحمام من فضلك؟
아이날 함맘- 민 파들릭?

화장실 좀 사용할 수 있을까요?

ممكن أن أستخدم الحمام من فضلك؟
뭄킨 안 아쓰타크디말 함맘- 민 파들릭?

나는 확신합니다

أنا متأكد
아나- 무타악키드

나는 확신하지 못합니다

لست متأكدا
라스투 무타악키단

확장하다 hawk-jang-hada	وسع 왓싸아	회원 hoe-won	عضو 우두운
환영하다 hwan-yeong-hada	رحب 라흐하바	후손 hu-son	أحفاد 아흐파-둔
환영합니다	أهلا وسهلا 아흘란 와싸흘란	~후에(after) hu-e	بعد 바으다
환영합니다(대답)	أهلا بك 아흘란 비크	후추 hu-chu	فلفل 풀풀
환율 hwan-yul	سعر الصرف 씨으룻 쏴르프	후회하다 hu-hoe-hada	ندم 나디마
환전 hwan-jeon	تحويل 타흐윌-룬	훌륭한 hul-ryung-han	ممتاز 뭄타-준
활동 hwal-dong	نشاط 나샤-뚠	훔치다 hum-chi-da	سرق 싸라까
활동적인 hwal-dong-jeok-in	نشيط 나쉬-뜨	휴가 hyu-ga	إجازة 이자-자툰
회사 hoe-sa	شركة 샤리카툰	휴대폰 hyu-dae-phone	محمول 마흐물-룬
회색 hoe-saek	رمادي 라마-디	휴식 hyu-sik	استراح 이쓰티라-훈
회의 hoe-ui	مؤتمر 무으타마룬	흥정하다(값을) heung-jeong-hada	ساوم 싸-와마

흡연	تدخين
heub-yeon	타드키-눈

흡연자	مدخن
heub-yeon-ja	무닥키눈

흰색	أبيض
heuin-saek	아브야드

힘	قوة
him	꾸-와툰

힘센	قوي
him-ssen	까위-윤

당신의 휴대폰 번호를 적어주세요

اكتب لي رقم محمولك لو سمحت

우크툽 리- 라꿈 마흐물-리크 라우 싸마흐트

부록

Vocabulary Series I : 신체

한국어	아랍어	한국어	아랍어
가슴	**صدر** 쏴드룬	손	**يد** 야둔
귀	**أذن** 우주눈	손가락	**إصبع** 이스바운
뇌	**مخ** 무쿤	심장	**قلب** 깔분
눈	**عين** 아이눈	얼굴	**وجه** 와즈훈
머리	**رأس** 라으쑨	이마	**جبين** 자비-눈
머리카락	**شعر** 샤으룬	입술	**شفتين** 샤파타이니
발	**قدم** 까다문	치아	**أسنان** 아쓰나-눈
배	**بطن** 바뜨눈	코	**أنف** 안푼
		혀	**لسان** 리싸-눈

Vocabulary Series 2 : 직업

한국어	아랍어	발음
엔지니어	مهندس	무한디쑨
교사	مدرس	무다르리쑨
장관	وزير	와지-룬
의사	طبيب	따비-분
화가	فنان	판나-눈
목수	نجار	낮자-룬
회계사	محاسب	무하-씨분
직원	موظف	무왚좌푼
사진사	مصور	무쏴우위룬
통역사	مترجم	무타르지문
사장	مدير	무디-룬
사장	رئيس	라이-쑨
작가	كاتب	카-티분
관리자	مراقب	무라-끼분
재단사	خياط	카이야-뚠
승무원	مضيف	무뒤-푼
상인	بائع	바-이운
간호사	ممرض	무마르리둔
코치	مدرب	무다르리분
요리사	طباخ	똠바-쿤

부록

Vocabulary Series 3 : 달		10월	**أكتوبر** 욱투-르
(서력)		11월	**نوفمبر** 누-밤비르
1월	**يناير** 야나-이르	12월	**ديسمبر** 디-쌈비르
2월	**فبراير** 피브라-이르	(이슬람역)	
3월	**مارس** 마-리쓰	1월	**محرم** 무하르람
4월	**ابريل** 이브릴	2월	**صفر** 쏴파르
5월	**مايو** 마유	3월	**ربيعا لأول** 라비-울 아우왈
6월	**يونيو** 운유	4월	**ربيعا لثاني** 라비-웃 싸-니
7월	**يوليو** 율유	5월	**جماد بالأولى** 주마-달 울라
8월	**أغسطس** 우구쓰투쓰	6월	**جماد بالثانية** 주마-닷 싸-니야
9월	**سبتمبر** 씹탐비르	7월	**رجب** 라자브

شعبان 샤으반	8월	**حزيران** 후자이란	6월
رمضان 라마단	9월	**تموز** 탐무-즈	7월
شوال 샤우왈	10월	**آب** 아브	8월
ذوالقعدة 둘 까으다	11월	**أيلول** 아이룰	9월
ذوالحجة 둘 힛자	12월	**تشرينا لأول** 티슈리-닐 아우왈	10월

(레)바논/시리아/이라크 1월-12월

كانونا لثاني 카누닛 싸-니	1월	**تشرينا لثاني** 티슈리-닛 싸-니	11월
شباط 슈바-뜨	2월	**كانون الأول** 카누-닐 아우왈	12월
آذار 아다-르	3월		
نيسان 니싼	4월		
أيار 아이야-르	5월		

부록

Vocabulary Series 4 : 아랍
숫자

기수 : Numbers 1-10

(١) واحد 1
와-히드

(٢) اثنان 2
이쓰난

(٣) ثلاثة 3
쌀라-싸

(٤) أربعة 4
아르바아

(٥) خمسة 5
캄싸

(٦) ستة 6
씻타

(٧) سبعة 7
싸브아

(٨) ثمانية 8
싸마-니야

(٩) تسعة 9
티쓰아

(١٠) عشرة 10
아샤라

(١١) أحد عشر 11
아하다 아샤라

(١٢) اثنا عشر 12
이쓰나 아샤라

(١٣) ثلاثة عشر 13
쌀라-싸타 아샤라

(١٤) أربعة عشر 14
아르바아타 아샤라

(١٥) خمسة عشر 15
캄싸타 아샤라

(١٦) ستة عشر 16
씻타타 아샤라

(١٧) سبعة عشر 17
싸브아타 아샤라

(١٨) ثمانية عشر 18
싸마-니야타 아샤라

(١٩) تسعة عشر 19
티쓰아타 아샤라

(٢٠) عشرون 20
이슈룬-

서수

1째의	**الأول** 알아우왈루	11째의	**الحادي عشر** 알하-디 아샤르
2째의	**الثاني** 앗싸-니	12째의	**الثاني عشر** 앗싸-니- 아샤르
3째의	**الثالث** 앗쌀-리쑤	13째의	**الثالث عشر** 앗쌀-리쓰 아샤르
4째의	**الرابع** 아르라-비우	14째의	**الرابع عشر** 아르라-비으 아샤르
5째의	**الخامس** 알카-미쑤	15째의	**الخامس عشر** 알카-미쓰 아샤르
6째의	**السادس** 앗싸-디쑤	16째의	**السادس عشر** 앗싸-디쓰 아샤르
7째의	**السابع** 앗싸-비우	17째의	**السابع عشر** 앗싸-비으 아샤르
8째의	**الثامن** 앗싸-미누	18째의	**الثامن عشر** 앗싸-미느 아샤르
9째의	**التاسع** 앗타-씨우	19째의	**التاسع عشر** 앗타-씨으 아샤르
10째의	**العاشر** 알아-쉬루	20째의	**العشرون** 알이슈룬-

부록

Days of the week : 요일

월요일	**يوم الاثنين**	
	야우물 이쓰넨	
화요일	**يوم الثلاثاء**	
	야우뭇 쑬라-싸-	
수요일	**يوم الأربعاء**	
	야우물 아르비아-	
목요일	**يوم الخميس**	
	야우물 카미-쓰	
금요일	**يوم الجمعة**	
	야우물 주므아	
토요일	**يوم السبت**	
	야우뭇 쌉트	
일요일	**يوم الأحد**	
	야우물 아하드	

Vocabulary Series 5 : 색깔		
	갈색	**أسمر** 아쓰마르
검은색	**أسود** 아쓰와드	
회색	**رمادي** 라마-디	
흰색	**أبيض** 아브야드	
핑크색	**زهري** 자흐리	
빨간색	**أحمر** 아흐마르	
오렌지색	**برتقالي** 부르투깔-리	
노란색	**أصفر** 아스파르	
초록색	**أخضر** 아크돠르	
파란색	**أزرق** 아즈라끄	
보라색	**بنفسجي** 바나프싸지	

부록

Vocabulary Series 6 : 시간

시	**ساعة**	싸-아툰
분	**دقيقة**	다끼-까툰
초	**ثانية**	싸-니야툰
30분	**نصف ساعة**	니스푸 싸-아

지금 몇 시에요? **كم الساعة؟**
카밋 싸-아투?

5시입니다 **الساعة الخامسة**
앗싸-아툴 카-미싸

10시15분입니다
الساعة العاشرة والربع
앗싸-아툴 아-쉬라 와루브으

Vocabulary Series 7 : 인칭대명사와 지시대명사

한국어	아랍어	발음
나는	**أنا**	아나
우리는	**نحن**	나흐누
당신(남)	**أنت**	안타

당신은 요르단 사람입니까?
هل أنت أردني؟
할 안타 우르두니-윤?

당신(여) **أنت** 안티

당신은 이 회사 사장입니까?
هل أنت مديرة في هذه الشركة؟
할 안티 무디-라 피 하디힛 샤리카?

당신들 **أنتم** 안툼

당신들은 누구입니까?
من أنتم؟
만 안툼?

우리는 학생입니다 **نحن طلاب**
나흐누 뚤랍-

그는 **هو** 후와

그는 어디에 있습니까?
أين هو؟
아이나 후와?

그는 사원에 있습니다
هو في المسجد
후와 필 마쓰지드

그녀는 **هي** 히야

그녀는 지금 바쁩니까?
هل هي مشغولة الآن؟
할 히야 마슈굴-라툰 알아-나?

그들 **هم** 훔

이분, 이것(남) **هذا** 하다-

이분, 이것(여) **هذه** 하디히

부록

부록 2

기본적인 인사말와 자기소개

안녕하세요 **السلام عليكم**
앗쌀라무 알라이쿰

안녕하세요 **وعليكم السلام**
와 알라이쿰 쌀람

저의 이름은 칼-리드 입니다.
당신의 이름은 무엇입니까?
اسمي خالد، ما اسمك؟
이쓰미- 칼-리드, 마쓰무카?

저의 이름은 쌀-림입니다
اسمي سالم
이쓰미- 쌀-림

어떻게 지내십니까?
كيف الحال؟
케이파 알할-루?

저는 잘지냅니다. 하나님 덕분이지요. 당신은요?
أنا بخير، والحمد لله'؟

وأنت
아나 비카이린, 왈함두릴라, 와 안타?

저도 잘지냅니다. 하나님 덕분이지요.
بخير، والحمد لله
비카이린, 왈함두릴라

당신은 어느에서 왔습니까?
من أين أنت؟
민 아이나 안타?

저는 이집트에서 왔습니다. 그럼 당신은요?
أنا من مصر، وأنت؟
아나 민 미스라, 와 안타?

저는 시리아에서 왔습니다
أنا من سوريا
아나 민 쑤-리야

처음뵙겠습니다 **فرصة سعيدة**
푸르쏴툰 싸이-다

처음뵙겠습니다

저는 마흐무-드 입니다. 저는 서울대학교 학생입니다

أنا محمود، أنا طالب في جامعة سيول

아나 마흐무-드, 아나 딸-리분 피 자-미아 씨-울

저의 가족입니다

هذه أسرتي

하디히 우쓰라티-

이 분은 제 아버지입니다. 그는 회사 직원입니다

هذا أبي، هو موظف في الشركة

하다 아비-, 후와 무왗좌푼 핏샤리카

그리고 이 분은 제 어머니입니다. 그녀는 병원에 의사입니다

و هذه أمي، هي طبيبة في المستشفى

와 하디히 움미-, 히야 따비-바툰 필무쓰타쉬파

그리고 저의 여동생입니다. 그녀는 학교 학생입니다

وهذه أختي، هي تلميذة في المدرسة

와 하디히 우크티-, 히야 틸미-다툰 필마드라싸

나는 간호사입니다. 당신의 직업은 무엇입니까?

أنا ممرضة ما مهنتك؟

아나 무마르리돠툰, 마 미흐나투카?

나는 기술자입니다

أنا مهندس

아나 무한디쑨

자녀가 있습니까?

هل لك أطفال؟

할 라카 아뜨팔-룬?

네, 자녀가 있습니다

نعم، لي أطفال

나암, 리- 아뜨팔-룬

몇 명의 자녀가 있습니까?

كم طفلا لك؟

캄 뛰플란 라카?

저는 4명의 자녀가 있습니다

لي أربعة أطفال

리- 아르바아투 아뜨팔-린

فرصة سعيدة

푸르쏴툰 싸이-다

| 병원에서 | 식당에서 |

병원에서

어디가 아프세요?
ماذا يؤلمك؟
마다- 유으리무카?

배에 통증이 있습니다
عندي ألم في بطني
에인디- 알람 피바뜨니-

두통은 있습니까?
هل عندك صداع؟
할 에인타크 수다-우?

아니요, 코에 통증을 느낍니
لا، أشعر بألم في أنفي
라-, 아슈우루 비알라민 피 안피-

처방전 여기 있습니다
هذه وصفة العلاج
하디히 와스파툴 일라-지

정말 감사합니다
شكرا جزيلا
슈크란 자질란-

식당에서

오늘 약속 있습니까?
هل عندك موعد اليوم؟
할 에인다크 마우이드 알야우마?

어떤 식당을 원하십니까?
أي مطعم تريد؟
아이- 마뜨아민 투리-드?

오늘의 요리 무엇입니까?
ما طبق اليوم؟
마 따바꿀 야움?

나는 카밥과 구운 양고기 원합니다
أريد الكباب وخروف مشوي
우리-두 알카바-바 와 카루-파 마슈와-

어떤 음식을 원하십니까?
أي طعام تريد؟
아이- 따아-민 투리-두?

나는 닭고기를 먹고싶습니다
أريد أن آكل لحم الدجاج
우리-두 안 아-쿨라 라흐맛 다자-즈

물 좀 주세요
أعطني الماء من فضلك
아으뛰니- 알마-아 민 파들릭

알겠습니다(종업원이 손님에게)
حاضر
하-뒤르

다른 것을 원하세요?
هل تريد شيئًا آخر؟
할 투리-두 샤이안 아-카르?

아니요 고맙습니다. 이것으로 충분합니다
لا شكرا، هذا يكفي
라 슈크란, 히다 야크피-